EDUCAR PARA A CONVIVÊNCIA NA DIVERSIDADE

- *Dinâmicas para reunião de pais: construindo a parceria na relação escola e família* – Luciana Maria Caetano
- *Educação para a paz: um caminho necessário* – Gloria Lourdes Alessi Marchetto
- *Educação religiosa: fundamentação antropológico-cultural da religião segundo Paul Tilich* – Pedro Ruedell
- *Educar para a convivência na diversidade: desafio à formação de professores* – Selenir Corrêa Gonçalves Kronbauer e Marga Janete Ströher
- *Formação de professores: abordagem contemporânea* – Selenir Corrêa Gonçalves Kronbauer e Margareth Fadanelli Simionato
- *Inclusão escolar: implicações para o currículo* – Rejane Ramos Klein e Morgana Domênica Hattge
- *Temas atuais para a formação de professores: contribuições da pesquisa piagetiana* – Luciana Maria Caetano

Selenir Corrêa Gonçalves Kronbauer
Marga Janete Ströher
(orgs.)

EDUCAR PARA A CONVIVÊNCIA NA DIVERSIDADE

Desafio à formação
de professores

Dados Internacionais de Catalogação na Publicação (CIP)
(Câmara Brasileira do Livro, SP, Brasil)

Educar para a convivência na diversidade: desafio à formação de professores /
Selenir Corrêa Gonçalves Kronbauer, Marga Janete Ströher, (orgs.). – São
Paulo : Paulinas, 2009. – (coleção docentes em formação)

Bibliografia.
ISBN 978-85-356-2462-0

1. Diversidade cultural   2. Educação como profissão   3. Educação
multicultural   4. Multiculturalismo   5. Pedagogia   6. Prática de ensino   7.
Professores – Formação profissional   I. Kronbauer, Selenir Corrêa Gonçalves.
II. Ströher, Marga Janete.   III. Série.

09-04435   CDD-370.71

Índice para catálogo sistemático:

1. Educação e diversidade : Professores : Desenvolvimento profissional :
   Educação : Estudo e ensino   370.71

1ª edição – 2009
1ª reimpressão – 2011

Direção-geral:	*Flávia Reginatto*
Editora responsável:	*Luzia M. de Oliveira Sena*
Assistente de edição:	*Andréia Schweitzer*
Copidesque:	*Mônica Elaine G. S. da Costa*
Coordenação de revisão:	*Marina Mendonça*
Revisão:	*Jaci Dantas*
Direção de arte:	*Irma Cipriani*
Gerente de produção:	*Felício Calegaro Neto*
Editoração eletrônica:	*Wilson Teodoro Garcia*

*Nenhuma parte desta obra poderá ser reproduzida ou transmitida
por qualquer forma e/ou quaisquer meios (eletrônico ou mecânico,
incluindo fotocópia e gravação) ou arquivada em qualquer sistema ou
banco de dados sem permissão escrita da Editora. Direitos reservados.*

Paulinas
Rua Dona Inácia Uchoa, 62
04110-020 – São Paulo – SP (Brasil)
Tel.: (11) 2125-3500
http://www.paulinas.org.br – editora@paulinas.com.br
Telemarketing e SAC: 0800-7010081
© Pia Sociedade Filhas de São Paulo – São Paulo, 2009

Apresentação

Selenir Corrêa Gonçalves Kronbauer*
Marga Janete Ströher**

O propósito deste livro é tentar atender uma demanda que se tem apresentado como ponto de discussão para as atividades relacionadas aos estudos sobre diversidade, intolerância, currículo e formação de professores.

No dia a dia da escola, observa-se, em alguns casos, que as propostas realizadas como Temas Transversais nas aulas de Ensino Religioso, ou mesmo como referenciais para subsidiar outras discussões, ocupam-se de atividades isoladas do contexto escolar e sem interlocução com os demais componentes curriculares, já que há o intuito de cumprir uma legislação que exige a presença desses temas em sala de aula.

É nessa expectativa de atendermos aos grupos de professores em formação inicial (nível médio e cursos de graduação...) e formação continuada, que propomos o desafio que nos permite refletir e criar estratégias para subsidiar as discussões e estudos que vêm sendo realizados a partir das temáticas em questão neste livro.

Busca-se um novo tempo e um novo espaço para gerir uma escola que, através de um currículo aberto e inovador,

---

* Mestra em Teologia, na área de Religião e Educação, pela Faculdades EST, São Leopoldo-RS, professora na mesma instituição e coordenadora pedagógica na Rede CNEC – Unidade Escola Técnica Estância Velha-RS.

** Doutora em Teologia pela Faculdades EST, professora nos cursos de graduação e pós-graduação na área de Teologia e Bíblia (Hermenêutica e História do Cristianismo) e Coordenadora do Núcleo de Pesquisa de Gênero/NPG das Faculdades EST.

posicione-se e possibilite a reorganização e a (re)construção de uma sociedade que entenda a diversidade como referencial para a aceitação das diferenças e, também, como patrimônio da humanidade. Com base em Freire,[1] quando afirma que ensinar exige risco, aceitação do novo e rejeição a qualquer forma de discriminação, reafirmamos que há possibilidades de mudanças sem ferir de forma incisiva tudo que já construímos ao longo dos anos em que atuamos como educadores e educadoras. Ainda tomando como base o pensamento de Freire, enfatizamos que "o velho que preserva sua validade ou que encarna uma tradição ou marca uma presença no tempo continua novo".[2]

Nesse sentido, a dimensão da diversidade representa possibilidade de respostas às questões da complexidade das relações humanas e das identidades, tanto em âmbito sociocultural quanto das subjetividades dos indivíduos. De acordo com Kronbauer,[3] se a escola for entendida como espaço de escuta, culturas diversificadas e desenvolvimento da cidadania, poderá articular projetos que tenham a possibilidade de ressignificar alguns conceitos e que incluam de forma efetiva a concretização de ações possíveis no âmbito da diversidade.

É com esse intuito que os textos aqui apresentados traduzem de forma pontual algumas das questões que se fazem presentes no dia a dia da escola, bem como as temáticas que são pontos de referência a serem estudados e praticados nos espaços de formação.

Clemildo Anacleto da Silva e Eunice Maria Nazarethe Nonato, em "Educação, intolerância religiosa e direitos huma-

---

[1] FREIRE, Paulo. *Pedagogia da autonomia*; saberes necessários à prática educativa. 6. ed. São Paulo: Paz e Terra, 1997.

[2] Ibid.

[3] KRONBAUER, Selenir C. Gonçalves. Diversidade na formação de professores; um desafio para a escola e para a sociedade. In: KLEIN, Remi et al. (orgs.). *Ensino Religioso*; diversidade e identidade. V Simpósio de Ensino Religioso – 29 a 31 de maio de 2008. São Leopoldo: Sinodal/EST, 2008. pp. 51-55.

nos", partem do pressuposto de que, em algum momento da nossa formação, o tema da diversidade cultural e as relações de tolerância e intolerância foi objeto de reflexão. Enfatizam que é de fundamental importância conhecer este assunto para entender a sociedade atual e seus conflitos. É essencial também pelo fato de que, embora tenha havido uma melhora na tolerância da sociedade em relação a alguns grupos e valores, percebem que ainda existem equívocos relacionados ao conceito de intolerância. Destacam que a educação formal pode contribuir para diminuir a intolerância ou, pelo menos, para que os educandos tenham conhecimento do assunto. Apontam os Temas Transversais como uma grande oportunidade para que o assunto seja discutido e debatido pelos educandos a partir de várias disciplinas.

Marcos Rodrigues da Silva, em "A resistência do povo negro e uma fé carregada de Axé", apresenta a história das populações africanas e afro-brasileiras, apontando que representam aproximadamente 60% da população brasileira e são reconhecidas por quinhentos anos de muita luta e resistência e pela autodeterminação. Na diáspora africana, esse povo se afirma como cultura marcada pela pluralidade étnica e diversidade religiosa, numa sociedade neoliberal onde apenas consegue reconhecer-se na sua realidade multicultural. O desafio está em dar um passo adiante na afirmação dessas suas características, como parte integrante da identidade brasileira.

Lori Altmann, em "Diversidade religiosa na perspectiva indígena", enfatiza que, para muitos povos indígenas, a religião representa uma sabedoria histórica e socialmente desenvolvida. Em nossa tarefa como educadores, defrontaremo-nos com o conhecimento da cultura e da religião dos povos indígenas como diferentes saberes e como outras maneiras de ser e de estar no mundo. O Ensino Religioso, como um processo comunicativo crítico, exige uma reinterpretação da fé cristã e da cultura ocidental para uma verdadeira compreensão das religiões indígenas. A aproximação com o "outro", o conhecimento e a valorização de sua cultura e de seu modo de ser, precisa ocorrer num contexto de diálogo respeitoso. A cultura e a religião, nos discursos dos povos indígenas, estão sendo apontadas como elementos constitutivos da identidade étnica, como forças propulsoras de resistência ativa ou ainda como fontes de poder e de coesão grupal. Essas identidades não são fixas nem estáticas, mas em contínua construção e reconstrução dentro de um processo histórico e social.

Laude Erandi Brandenburg, em "Práxis educativa no Ensino Religioso: confluência entre teoria e prática", enfoca a área do Ensino Religioso na perspectiva da relação entre a epistemologia e a didática que se concretiza na prática do currículo escolar. Inicialmente, a autora faz uma contextualização do tema e problematiza o Ensino Religioso como área de conhecimento. Em seguida, destaca seu lugar no currículo escolar e sua abordagem no cotidiano através de uma didática específica conectada com os princípios epistemológicos que orientam tal área. Os princípios elencados resultam de estudos teóricos sobre o assunto e de pesquisas realizadas em diferentes sistemas de ensino.

Daniela Hack, em "História e cultura afro-brasileira e africana: um olhar para os Parâmetros Curriculares Nacionais", mostra uma das raízes que constituem o povo brasileiro: a africana, com presença em todas as regiões do país. No entanto, ao longo da história, essa presença vem sendo ignorada na abordagem do currículo escolar. Mesmo que nas últimas décadas haja um movimento crescente de reconhecimento da tradição africana e afrodescendente na história brasileira, percebe-se que a realidade escolar não corresponde à situação vivida pela pesquisa e legislação sobre o assunto. Na busca pelas possíveis razões para essa situação, olha-se para os principais documentos que fundamentam a organização curricular nacional, a saber, os Parâmetros Curriculares Nacionais

(PCNs). Mesmo sendo editados em data anterior às legislações que reconhecem a importância e necessidade da História e Cultura Africana e Afro-Brasileira entre os conteúdos a serem trabalhados na escola, eles ainda são a orientação legal por parte do Ministério da Educação para a organização do currículo escolar. Conjuntamente, busca-se perceber outros motivos que encaminham para essa conjuntura, ressaltando-se a importância da temática dentro do processo formativo oferecido pela escola e apontando alguns desafios e possibilidades à sua concretização.

Adiles da Silva Lima, em "A invisibilidade da cultura negra nos currículos escolares", aponta a necessidade de questionamentos sobre a organização dos currículos nas Escolas de Educação Básica. Afirma que, nesse contexto, os educadores, como transformadores sociais e sabedores de que o processo educativo acontece a partir do encantamento, da paixão, da vontade de ensinar e aprender, precisam exigir que nos sejam dadas plenas condições para o desenvolvimento do que prevê a Lei n. 10.639/2003, bem como o Parecer n. 3, de 10 de março de 2004, do Conselho Nacional de Educação (CNE) e do Conselho Pleno (CP), que estabelece as *Diretrizes Curriculares Nacionais para a Educação das Relações Étnico-Raciais e para o Ensino de História e Cultura Afro-Brasileira.* A autora considera que o encontro com as nossas verdadeiras raízes e a compreensão de quem realmente somos implicarão grandes mudanças nos paradigmas da educação. Reforça que abordar, em sala de aula, todas as culturas que construíram e constroem a nossa história é uma experiência que resulta em valorização de todos os brasileiros, mas que, para alunos negros, representa reconhecimento, respeito, estima elevada e orgulho de ser negro.

Dessa forma, entendemos esta obra como uma oportunidade para trazermos a público uma contribuição que se venha somar aos demais trabalhos que já estão sendo realizados em Escolas de Educação Básica, apesar das dificuldades e limitações de conhecimento que a maioria dos professores tem sobre o tema "diversidade". Essa constatação nos remete a questionar sobre os currículos dos Cursos de Formação em Licenciatura. De acordo com Kronbauer,[4] tais cursos deveriam ser desafiadores, permitindo que o professor pudesse organizar o ambiente escolar de modo que desse espaço para o outro; pensasse esse espaço como um ambiente educativo em que se respeita o outro; e em que se oferecesse visibilidade a todos, eliminando preconceitos e estereótipos.

Agradecemos aos colegas que contribuíram com os artigos, certamente por acreditarem, como diz Freire, que "ensinar exige risco..." e que a mudança só será possível se nos articularmos para as intervenções necessárias.

---

[4] KRONBAUER, op. cit., p. 55.

Prefácio
Composição do lugar para a leitura

*José Ivo Follmann**

Prefaciar um livro como este é uma tarefa altamente gratificante, mas é também um grande desafio às leitoras e leitores em relação ao lugar a partir do qual farão sua leitura. Sem nos sentirmos intimidados, vamos fazer um pequeno "passeio mental", como quem propõe uma "composição de lugar" para melhor e com mais proveito prático ler os textos que seguem. Para iniciar, traçamos um singelo quadro, fruto de nossa percepção empírica quanto às diferentes formas de "seguir religião" ou de "viver religião" hoje no Brasil. Essa percepção, por mais tosca e singela que pareça, pretende desafiar as leitoras e os leitores a se localizarem de modo pessoal ao seu contexto religioso.

Olhando ao nosso redor, identificamos com muita facilidade diferentes maneiras de as pessoas se relacionarem com a religião. Sumariamente poderíamos circunscrever estas maneiras em cinco grandes "agrupamentos". Em primeiro lugar, existem aqueles que têm uma religião de herança reproduzida simplesmente como um costume ou uma tradição, em grande parte esvaziada de seu conteúdo e apelo doutrinal de origem. Em contraposição a este amplo "conjunto", há os que cultivam essa religião de herança de forma consciente e assumida em seu conteúdo

---

* Padre Jesuíta. Doutor em Sociologia das Religiões, professor da Universidade do Vale do Rio dos Sinos (Unisinos) e integrante do Grupo Inter-Religioso de Diálogo, da mesma universidade.

fundamental através de formação e opção existencial. Um terceiro "agrupamento" é constituído por aquelas pessoas que, mesmo tendo em sua trajetória uma herança religiosa, vivem em uma permanente atitude de trânsito e experimentação de diversas formas religiosas, levadas por uma dinâmica de busca e de abertura. Um "agrupamento" menor é o daqueles que não têm herança religiosa em sua trajetória. Ou seja, não lhes foi imputada uma religião de nascença ou de infância. Um quinto "conjunto", que tende a crescer, é formado pelos que assumem uma nova religião por conversão pessoal.

Deixando de lado este primeiro movimento mental, vamos voltar agora nossa atenção para o fenômeno religioso no mundo de hoje. Sabemos que, ao longo das últimas décadas, a humanidade presenciou um crescente processo de diversificação e multiplicação dos modos de expressão religiosa. Não estamos trazendo nenhuma novidade ao escrever isto. É um fato que já não causa estranheza... O fenômeno religioso nas sociedades contemporâneas é, em geral, plural e complexo. Isto se tornou algo normal aos olhos da humanidade, no entanto, passou a ser um desafio enorme para quem se ocupa do Ensino Religioso. Como é que nós nos sentimos em termos de conhecimentos com relação às múltiplas expressões religiosas que acompanharam a humanidade e que se multiplicam vertiginosamente hoje? Gostaríamos que as leitoras e os leitores se sentissem sempre interpelados por esta pergunta, sobretudo se forem professoras ou professores de Ensino Religioso. Apesar de não encontrarem respostas a esta pergunta, a leitura dos textos do presente livro deve ser feita dentro do desenho deste grande horizonte.

Gostamos de trabalhar com a imagem de "mundo", falando em "mundo das religiões e das religiosidades". Trata-se de um "mundo" que sempre foi difícil de ser delimitado. Um "mundo" que, a rigor, nunca coube dentro dele... Neste "mundo" existem grandes tradições, que são milenares. Nele, também, se encontram muitas organizações instituídas ao longo dos últimos séculos e, mais intensamente, ao longo das últimas décadas. Trata-se de religiões de menor porte, algumas das quais tiveram pouca duração no tempo, outras que ainda estão em fase de consolidação. É um "mundo" com fronteiras muito móveis, pois somos constantemente surpreendidos com novas denominações religiosas. Isso sem falar do crescente número daqueles que se dizem "sem religião", mas praticam ou vivem formas de religiosidade por vezes bastante intensas em seu cotidiano pessoal. É um "mundo" habitado, ao mesmo tempo, por instituições de grande, médio e pequeno porte, ou seja, pelas grandes religiões mundiais e pelas religiões de alcance mais regionalizado ou local, e por práticas multifacetadas e multicoloridas. Em suma, é um "mundo de religiões e religiosidades".

As tradições mais conhecidas em termos de grandes religiões mundiais são, por um lado, o Hinduísmo e o Budismo em suas diferentes versões, e, por outro, o Judaísmo, o Cristianismo e o Islamismo em suas diversas interpretações. A essas tradições religiosas devem ser somadas as religiões africanas, as religiões chinesas, as religiões indo-americanas e, ainda, a religiosidade difusa e sincrética do assim chamado "arranjo pessoal", ou seja, as práticas multicoloridas das pessoas religiosas, dos denominados "sem religião", como dizíamos anteriormente.

Segundo dados apresentados em World Religions Statistics, 2005,[1] o maior número de fiéis seguidores concentra-se no Cristianismo (33%, ou seja, 1/3 da população mundial) e no Islamismo (21%, ou seja, um pouco mais de 1/5 da população mundial). O Islamismo hoje já apresenta mais seguidores do que o Catolicismo, que continua sendo, na maior parte dos

---

[1] Disponível em: <http://www.adherents.com>. Acesso em: 21 jan. 2009.

países do Ocidente, a confissão religiosa mais expressiva e numerosa no meio cristão. Outras tradições religiosas numericamente bem visíveis são o Hinduísmo (14%) e o Budismo (6%). Dentre tais tradições, é conhecido, hoje, que as duas que apresentam um maior crescimento relativo são, em primeiro lugar, o Islamismo e, em segundo lugar, o Hinduísmo. O Cristianismo também vem crescendo, mas o seu índice não se diferencia tão claramente do próprio incremento populacional, como ocorre com as outras duas tradições. O Islamismo chega a crescer em torno de 2% ao ano, enquanto o incremento populacional no mundo gira em torno de 1,3% ao ano (Population Reference Bureau, 2004).

O Brasil faz parte do continente de maior incidência do Cristianismo e, especificamente, da sua parte mais numerosa, que é o Catolicismo. A religiosidade brasileira é bastante diferente, se comparada com o contexto mundial. Aliás, em todo o continente latino-americano a presença do Hinduísmo, do Budismo e, mesmo, do Islamismo, para referir exemplos de grandes tradições religiosas mundiais, são presenças ainda relativamente pouco expressivas se confrontadas com o Cristianismo, que é amplamente preponderante. No continente latino-americano, ainda hoje, mais de 90% da população se diz cristã (World Christian Encyclopedia, 2001).

Nas últimas décadas começa a despontar mais claramente outras presenças religiosas, que, por vezes, subsistiram de forma abafada ou na clandestinidade, sincrética ou não. No caso particular do Brasil, a diminuição relativa do número de cristãos está num processo mais acelerado do que no restante da América Latina. Segundo dados do Censo Demográfico da Fundação IBGE, enquanto, em 1940, 98% da população se dizia seguidora da tradição cristã, no ano 2000, este percentual reduziu-se em quase 10%, fazendo com que hoje tenhamos menos de 89% da população brasileira com identificação cristã. Trabalhando ainda com os dados do Censo, se voltarmos o nosso olhar especificamente para o Catolicismo constatamos uma perda mais impressionante no que diz respeito ao Brasil: a redução foi de mais de 20% ao longo dos mesmos sessenta anos. Dois fatos novos são relevantes. Por um lado, o grande incremento do número de evangélicos (2,6% em 1940, passando a 15,4% em 2000), devido, sobretudo, às vertentes evangélicas pentecostais e neopentecostais, que cresceram muito ao longo das últimas décadas; está havendo, em suma, uma maior diversificação dentro da tradição cristã. Por outro lado, no mesmo período, deu-se um vertiginoso aumento do número daqueles que se identificam como os "sem religião", que representavam 0,2% em 1940 e passaram a 7,3% em 2000. Contribuiu também, em parte, o relativo crescimento na última década daqueles que se denominam seguidores de outras religiões. Neste contexto é importante lembrar a maior visibilidade ganha pelos seguidores do Espiritismo, da Umbanda, de Religiões de Matriz Africana e, ainda, pelos seguidores de religiões que buscam as origens em tradições indígenas, como o Santo Daime, e outras. É de destacar, além disso, a crescente presença de grupos religiosos com orientações baseadas em tradições orientais de vertente budista, hinduísta, de diferentes formas esotéricas e outras.

Do antes exposto decorre o terceiro desafio ou a terceira "chave de leitura", que queremos propor: a marca eminentemente católica brasileira e a grande abertura acontecida ao longo das últimas décadas, no sentido de reconhecer identidades religiosas abafadas no decurso da história. No Brasil, foram cultivadas, historicamente, múltiplas expressões de "catolicismo popular" ou, talvez mais precisamente, de "religiosidade popular", compostas de uma ampla gama de criativas fórmulas de "sobrevivência" religiosa, dentro de costumes de proveniência católica. Trata-se de uma característica que, em geral, é atribuída ao desamparo dos fiéis diante de um clero relativamente escasso ou mal preparado durante certos períodos da história. Poder-

-se-ia dizer, no entanto, que foi graças a esse desamparo que, em muitas situações, a criatividade religiosa teve oportunidade de fluir melhor.

Por ocasião de um texto que escrevemos sobre o Documento da V Conferência do Episcopado Latino-Americano e Caribenho (Celam), que se realizou em 2007, na cidade de Aparecida, Brasil, sublinhávamos que a escolha do Santuário de Aparecida para a realização daquela Conferência devia ser entendida dentro do contexto de um decidido empenho, de parte da hierarquia católica, neste continente, por uma maior aproximação à maneira de vivenciar e expressar a fé católica, testemunhada pelo povo. Representava um gesto de aproximação que devia ser visto como diálogo, dizíamos no texto.

A V Conferência deu-se num ambiente de permanente contato com devotos marianos e romeiros, e os bispos escreveram: "Eles nos edificaram e evangelizaram". Ao aprovarem estas palavras, com certeza, os bispos não estavam simplesmente referendando uma bela frase de efeito retórico.

O diálogo não permanece no nível de devotos marianos e romeiros, mas se estende a todos os "rostos" do povo sofrido latino-americano e caribenho que compareceu naquele texto dos bispos. Trata-se de "rostos" de pessoas que, quando se voltam para alguma imagem de sua devoção – seja ela de Nossa Senhora Aparecida ou de Guadalupe, do Padre Cícero, do Padre Reus, de Nossa Senhora dos Navegantes, ou muitas outras –, não o fazem de uma forma alienada, mas carregam consigo uma grande carga existencial, de sofrimento e busca de sua superação. As imagens, por vezes, são pequenas, até estranhamente minúsculas, mas a carga existencial da relação que se estabelece é de difícil medida. É importante lembrar que, em geral, as mesmas imagens que são expressões de veneração da Virgem Maria ou de outros santos no devocionário católico, são representativas, também, para seguidores da Umbanda e de Religiões de Matriz Africana, Divindades ou Orixás, dentro dessas vertentes religiosas.

As movimentações do povo em torno de festas religiosas de devoção popular são conhecidas e impressionantes, mas o que mais deve chamar a nossa atenção é o motivo dessas concentrações e peregrinações. Por trás de todo esse alvoroço, existe o grandioso: pessoas em busca de uma referência sagrada, de segurança, de paz, de perspectivas de vida e de confirmação da esperança. Pode-se falar em "busca de sentido"... Aquele sentido que dá unidade a tudo que existe e que a pessoa experimenta em sua existência. É o sentido religioso para quem crê. É a sua forma de "narrar Deus" em sua vida.

Já transcorreram vários anos desde o evento patético e inusitado do "chute da santa" por um pastor da Igreja Universal do Reino de Deus. Na época o gesto foi rejeitado, de forma unânime, pela sociedade brasileira, evidentemente por uma questão de cultura e identidade nacional, mas também, sobretudo, como condenação a esse tipo de intolerância em nosso meio.

O evento em si já caiu no esquecimento e seria insignificante trazê-lo à memória se não fosse a nossa intenção – *neste terceiro desafio para a leitura* – lembrar as inúmeras intolerâncias cometidas tanto em relação às manifestações religiosas populares quanto, e sobretudo, às relativas aos povos indígenas, aos afrodescendentes e a outros em nossa sociedade. Na virada do século, na Assembleia Geral dos Bispos do Brasil, a Igreja Católica manifestou publicamente um pedido de perdão aos povos indígenas, afrodescendentes e outros setores da sociedade contra os quais foram cometidos erros ao longo da nossa história, quinhentos anos depois da chegada dos portugueses em terras brasileiras. Mais do que comemoração, o ano 2000 significou, no caso, para a Igreja Católica, uma nova tomada de consciência. Aliás, o gesto do episcopado brasileiro repetia a resolução da IV Conferência do Episcopado da América Latina e do Caribe, em Santo Domingo, em 1992, quando se assumiu que ainda estava em tempo de não desperdiçar totalmente a grande contribuição dos povos e culturas que, graças à força histórica da resistência, aqui existem, sobrevivem e testemunham humanidade. Qual é o sentido de um pedido de perdão por erros acontecidos em outras situações históricas, no passado? Isto nos desafia e alerta a não repetirmos os mesmos erros, a não os reproduzirmos, ou, principalmente, a não cometermos equívocos piores hoje. É o quarto grande desafio, talvez o mais sutil, que propomos para a leitura dos textos deste livro. Não tem cabimento, é claro, querermos, a partir da realidade atual, condenar práticas do passado histórico, quando a consciência era outra. É importante lembrar que assim como nos colocamos como juízes do passado, ou exigimos pedidos de perdão por erros já praticados, da mesma forma o futuro e o próprio presente serão nossos juízes e poderão exigir perdão por nossos erros. Cabe sublinhar que, dada a facilidade de intercomunicação existente atualmente, torna-se sempre mais fácil tomar consciência dos próprios enganos quase "em tempo real". Vivemos, sem dúvida, um tempo de grande aceleração cultural. Os juízes de nossos desacertos estão sempre mais próximos de nós.

O reconhecimento de erros do passado é, sem dúvida, um primeiro passo para ajudar a reconhecer deslizes do presente. A história da humanidade certamente daria uma guinada de 180 graus se chegássemos a esse ponto de responsabilidade e de maturidade, ou seja, assumir falhas do passado e do presente em tudo: na religião, na política, na economia, em suma, na vida em sociedade, em geral. Certamente, muitas vidas estariam sendo poupadas e valorizadas.

Os quatro desafios culminam no desafio-chave que se resume na palavra "Diálogo". É preciso que a professora e o professor de Ensino Religioso conheçam os segredos da chave ou as chaves do segredo do diálogo inter-religioso. Sem termos a pretensão de resumir tudo o que já foi proposto quanto às reflexões sobre o diálogo inter-religioso – existem importantes textos sobre isto, sendo um autor de destaque, no Brasil, o teólogo Faustino Teixeira –, a nossa intenção aqui é a de simplesmente apontar algumas pistas úteis, que podem ser consideradas os segredos da sua chave, ou as chaves do seu segredo. Propomos cinco pistas ou aproximações. Podem ser como complementos aos desafios anteriormente apontados, sinalizações proveitosas para quem se lança na bela aventura de saborear a leitura dos textos que compõem o presente livro. Em primeiro lugar, a palavra-chave é *conhecimento*. O diálogo é sempre um processo de conhecimento e é necessário conhecer para dialogar. Conhecer a minha própria religião e estar aberto a conhecer a religião dos outros. Não se trata somente de um conhecimento letrado, racional. Trata-se de conhecimento profundo, empático. É nesse sentido que vão, sobretudo, os dois primeiros desafios propostos. Como fazer para conhecer o outro sem enquadrá-lo na minha visão? Percebemos que conhecer alguém, uma pessoa, um ser humano, é uma prática muito simples vivida e praticada no cotidiano. É necessário beber da autenticidade das relações vivenciadas no dia a dia humilde dos indivíduos.

O conhecimento das diversas religiões e o diálogo ajudam a fortalecer a identidade religiosa, além de possibilitar grande estímulo para a religião de escolha. Aqueles que vivem a sua religião só por costume ou tradição acabam não tendo coragem de dialogar sobre ela, perdendo a oportunidade de conhecer e aprender a respeitar a dos outros. Por isso, a importância do diálogo com o diferente, considerando principalmente a liberdade de escolha da fé religiosa.

A segunda palavra-chave é *identidade*. Sem um profundo cultivo da própria identidade religiosa e, também, da identidade religiosa dos outros, não há como desencadear um efetivo diálogo. Em diferentes momentos de reflexão e palestras sobre o diálogo inter-religioso, já tivemos oportunidade de destacar dois pontos importantes. Em primeiro lugar, para que possa haver um efetivo diálogo é necessário cultivar a própria identidade religiosa. O amor pela própria religião é fundamental e nos deve fazer buscar o aprofundamento na fé e no seu conhecimento. Certamente este é um dos maiores desafios: a boa formação na nossa fé. Em segundo lugar, e com a mesma força com que amamos a nossa opção religiosa, é essencial respeitar e valorizar a identidade religiosa dos outros. O nosso amor pelos outros, que pensam de forma diferente e que professam outras crenças, também é fundamental. Não é preciso concordar com o que os outros professam, mas torna-se imprescindível respeitá-los e levá-los a sério como pessoas que cultivam com seriedade a sua fé; trata-se de questão pétrea para um bom diálogo.

Qualquer diálogo adulto pressupõe convicções próprias e segurança na identidade. Não se tem condições de evoluir efetivamente no conhecimento e reconhecimento do outro em sua identidade religiosa se esta questão não estiver resolvida no plano pessoal. Reconhecer a identidade de qualquer um não envolve imolação da própria identidade, porém, significa um ato de solidariedade, ou melhor, de reconhecimento solidário. Ninguém é obrigado a renunciar à sua identidade, mas sim a zelar por ela, cada vez mais, no sentido de fazer da interação e participação com o outro algo sério. O diálogo acontece num âmbito de autoestima e de eteroestima, de aceitação e aprendizado mútuos, não de dominação ou conversão.

Ao somar tudo o que está implicado no processo da identidade e do conhecimento, aparece assim o terceiro grande segredo do diálogo, que é o *reconhecimento*. Mais do que o conhecimento de alguém, quando nos perguntamos pela sua identidade, estamos entrando num processo de reconhecimento dele como sujeito. É importante a contribuição de reflexões feitas a partir de textos do teólogo Faustino Teixeira, que chamam a atenção para a questão do reconhecimento do outro ou do diferente. Reconhecer significa abrir mão de seu próprio saber e facilitar o crescimento dialogal com o diferente. Trata-se de um conhecimento do outro, do diferente, de uma forma despojada e dobrada, enxergando nele alguém, um sujeito com identidade. A quarta palavra-chave é *ação conjunta*. Representa um processo de cultivo, confirmação e consolidação do reconhecimento. As ações conjuntas, ao mesmo tempo que ajudam a nos conhecermos mais em nossas características próprias e em nossas identidades, fazem com que pratiquemos no concreto o reconhecimento mútuo, na distribuição de tarefa e no empenho comum. As ações conjuntas podem ser as mais diversas, estendendo-se desde celebrações usuais até a organização de empreendimentos sociais compartilhados. Representam o chão concreto do autêntico diálogo e fazem repercutir o diálogo inter-religioso na prática diária.

A quinta palavra-chave é o próprio *diálogo*, ou seja, o dar-se tempo ao diálogo. Tal processo deve ser visto como um meio através do qual se fazem possíveis ações conjuntas e se chega ao reconhecimento do outro como sujeito. O diálogo, no entanto, só se faz efetivo quando reconhecemos outra pessoa numa relação de igual para igual. Mas o diálogo também deve ser visto como um meio privilegiado de conhecimento. Segundo G. Gadamer (em frase lembrada por Faustino Teixeira): "A capacidade constante de voltar ao diálogo, isto é, de ouvir o outro, parece-me ser a verdadeira elevação do homem à sua humanidade".

Assim chegamos à última passagem neste nosso passeio mental. É um desafio final: o de sermos protagonistas da cultura do diálogo na produção de conhecimento dentro da área das religiões. Essa área como *área de conhecimento* é, enquanto tal, uma tarefa difícil para todos. Ao mesmo tempo que a cultura do diálogo deve colocar-nos em profunda comunhão com as alegrias e os sofrimentos das irmãs e dos irmãos de outras tradições religiosas, deve também incluir na mesma roda integrantes dessas tradições para ações conjuntas, pela construção de um mundo de convívio mais humano e para trocas e intercâmbios no plano das próprias experiências religiosas vividas no seio de cada prática. Além disso, é importante que especialistas em cada tradição religiosa procurem aprofundar o entendimento de suas raízes e heranças (identidade particular de sua tradição), iluminando a compreensão dos especialistas de outras tradições. O diálogo inter-religioso pode ser considerado uma nova forma de estudar o fenômeno religioso. Ao longo do desenvolvimento das Ciências Humanas e Sociais, diferentes especialistas vêm refletindo sobre as religiões a partir de suas especialidades. Os sociólogos pesquisam o papel da religião na sociedade, os antropólogos analisam as práticas, os rituais e os comportamentos religiosos, e na mesma linha vão os fenomenólogos, procurando compreender as manifestações religiosas no cotidiano. Poderíamos referir aqui, ainda, historiadores, psicólogos e outros. Hoje, de mais a mais, está havendo um despertar para a necessidade de um estudo conjunto, envolvendo os diferentes cientistas juntamente com os pensadores do próprio meio religioso. São ensaios ainda tímidos, mas promissores. O grande desafio para o verdadeiro avanço da área de conhecimento das religiões está em cientistas, estudiosos religiosos e líderes religiosos se sentarem lado a lado a fim de, juntos, aprenderem e produzirem conhecimento.

Esperamos que este descortinar de desafios tenha alertado para questões que não devem ser esquecidas pela professora e pelo professor de Ensino Religioso, e tenha despertado, sobretudo, um grande apetite para se contribuir no desenvolvimento da área de conhecimento das religiões e na construção de sugestões de práticas de Ensino Religioso.

Educação, intolerância religiosa e direitos humanos

Clemildo Anacleto da Silva*
Eunice Maria Nazarethe Nonato**

INTRODUÇÃO

Paulo Freire escreveu um livro chamado *Pedagogia da autonomia; saberes necessários à prática educativa*. Por meio deste, queria compartilhar alguns assuntos que julgava indispensáveis para quem pretendia ser educador(a). Não queremos nos comparar a esse grande educador, mas gostaríamos de dizer a mesma coisa. Se alguém está se preparando para ser educador(a) vai se deparar em algum momento com o tema da diversidade cultural e as relações de tolerância e intolerância. Estamos partindo do pressuposto de que, em determinado período de nossa formação, esse assunto foi objeto de reflexão. É de fundamental importância conhecê-lo para entender a sociedade atual e seus conflitos. É essencial também pelo fato de que, embora tenha havido uma melhora na tolerância da sociedade em relação a alguns grupos e valores, percebe-

---

* Doutor em Ciências da Religião pela Universidade Metodista de São Paulo, professor coordenador do grupo de pesquisa sobre Intolerância Religiosa e Direitos Humanos e membro do Comitê de Ética do Centro Universitário Metodista (IPA), em Porto Alegre-RS. Autor do livro: *Intolerância religiosa e Direitos Humanos*; mapeamentos de intolerância. Porto Alegre: Sulinas, 2007. Disponível em: <http://clemildo_anaclet@uol.com.br>.

** Doutora em Ciências Sociais pela Universidade Vale do Rio dos Sinos (Unisinos-RS), professora da Rede Metodista de Educação do Sul, mestra em Educação pela Universidade Vale do Rio Verde (Unicor-MG), graduada em Pedagogia pela Universidade Vale do Rio Doce (Univale-MG) e em Direito pela Faculdade de Direito do Vale do Rio Doce (Fadivale-MG). Disponível em: <http://eunice.nonato@metodistadosul.edu.br>.

-se que ainda há equívocos relacionados ao conceito. Muitas vezes estamos acostumados a discutir a diversidade cultural e o multiculturalismo, mas o assunto sobre a tolerância acaba ficando de fora. A maioria ainda entende que tolerar é aguentar o outro. Nesse sentido, cada um permanece no seu lugar sem interferir na vida alheia. Não é desse tipo de tolerância que estamos falando. Essa forma de tolerância apenas segrega o diferente ou o enquadra em "seu lugar". Agindo dessa maneira continuamos desejando nos livrar do incômodo da presença do outro. Portanto, se o(a) educador(a) colocar em prática a tolerância sobre a qual iremos tratar neste texto e assumi-la como modo de vida, contribuirá para uma sociedade mais igualitária e pacífica. Parece-nos que, assim procedendo, o(a) educador(a) também ajudará na formação de sujeitos mais conscientes, respeitadores e valorizadores do ser humano.

O assunto se tornou tão relevante, que levou a ONU a publicar dois documentos – "Declaração de Princípios sobre a Tolerância" e "Declaração sobre a eliminação de todas as formas de intolerância e discriminação fundadas na religião ou nas convicções" – que têm por objetivo orientar a discussão, a prática e a tomada de decisões. Penso que ambos são fundamentais para entender o tema.

EDUCAÇÃO E TOLERÂNCIA

A intolerância está relacionada à forma como percebemos e reagimos em relação ao outro. A nossa visão de mundo está determinada ou é resultado da tradição cultural, filosófica e mesmo religiosa. Por muito tempo fomos ensinados a perceber as diferenças entre os grupos religiosos. Essa diferença passou a ser classificada a partir de uma experiência religiosa que se colocava como oficial em comparação a outras vistas como seitas. Dessa forma, por muito tempo, e ainda hoje, a sociedade costuma classificar os grupos religiosos. Mas o que é religião e o que é seita? Ao(a) educador(a) não basta simplesmente ter consciência da pluralidade, diversidade e da diferença. Faz-se necessário assumir uma postura tolerante como modo de vida; como reconhecimento do espaço do outro; como entendimento desse outro como sujeito de direito. Nesse sentido, faz-se importante perceber que a intolerância não é apenas de caráter religioso; também acontece em outras esferas da vida. O assunto não é novidade. Nos textos da tradição judaico-cristã e islâmica há histórias belíssimas de incentivo à convivência e a solidariedade entre os povos, mas existem também relatos de intolerância que ficaram registrados nos textos sagrados desta tradição. A mesma coisa acontece na história do mundo ocidental.

A questão central da tolerância ou intolerância é a seguinte: como conviver com aquele grupo ou pessoa com a qual não temos afinidades ideológicas, religiosas ou de valores? É possível essa convivência?

É provável que o problema não seja conviver, porque, mesmo vivendo em sociedade, ninguém é obrigado a partilhar valores ou pensamentos com os quais não concorde. Se entendermos conviver como "aceitar para si", tal convivência não obriga a pessoa a aceitar entendimentos com os quais não se identifique, mas é obrigada a respeitá-los.

Qualquer um pode não querer assumir ou compartilhar as mesmas ideias, porém, tem o dever de aceitar que o outro possa experimentar, desfrutar e desenvolver seu modo de vida ou ponto de vista. Aquele que não pensa nem tem os mesmos costumes que eu, deve ter reconhecido o direito de se manter no mesmo espaço. Como já dito, o respeito pelo direito à convivência de todos no mesmo espaço social não nos impõe que tenhamos que aprovar ou pôr em prática os valores do outro grupo com quem não compartilhamos os

25

mesmos valores. No entanto, o fato de não concordarmos com um grupo não nos dá o direito de exigir a sua destruição ou eliminação, nem realizar atos de violência. Evidentemente que há um limite para a tolerância, como veremos mais adiante. Se assim não fosse, não haveria sentido em falar sobre ela. Por um lado, uma sociedade ou grupo ou até mesmo uma pessoa não pode impor um modo de vida, ou um conjunto de valores, ou uma maneira de enxergar a realidade como sendo a única verdade. Essa é a forma mais visível de intolerância. Por outro lado, ser tolerante não é apenas adotar uma realidade porque não temos como fugir dela; não é "aguentar" a situação. Não podemos dizer que somos tolerantes só porque não podemos nos livrar da pessoa ou porque estamos de alguma forma obrigados a assumir algo. Tolerância significa ver o outro como ser de direitos. Ao fazer isso, reconheço que ele tem tanto direito quanto eu; tem tantas verdades quanto as minhas.

A tolerância é o respeito, a aceitação e o apreço da riqueza e da diversidade das culturas de nosso mundo, de nossos modos de expressão e de nossas maneiras de exprimir nossa qualidade de seres humanos. É fomentada pelo conhecimento, a abertura de espírito, a comunicação e a liberdade de pensamento, de consciência e de crença. A tolerância é a harmonia na diferença. Não só é um dever de ordem ética; é igualmente uma necessidade política e jurídica. A tolerância é uma virtude que torna a paz possível e contribui para substituir uma cultura de guerra por uma cultura de paz. A tolerância não é concessão, condescendência, indulgência. A tolerância é, antes de tudo, uma atitude ativa fundada no reconhecimento dos direitos universais da pessoa humana e das liberdades fundamentais do outro. [...][1]

---

[1] DECLARAÇÃO de Princípios sobre a Tolerância. Artigo primeiro. (Todos os documentos relacionados aos Direitos Humanos citados neste texto podem ser facilmente encontrados em: *Biblioteca Virtual de Direitos Humanos*. São Paulo, Universidade de São Paulo [USP]).

Na base da discussão ou das ações intolerantes está a questão sobre qual a melhor forma de vida ou quais os melhores valores que devem ser desenvolvidos pelo ser humano no seu convívio social. Ou seja: quais valores contribuem de forma efetiva para desenvolver uma sociedade saudável e um ser humano virtuoso? Isso não é fácil de ser decidido. Mas existem alguns parâmetros.

Portanto, quando um grupo religioso define que certos conceitos são fundamentais para o ser humano, em geral, existe também outra lista que mostra quais concepções ou atitudes são nocivas para a sociedade. O problema acontece quando o grupo religioso ou mesmo o Estado não aceita a possibilidade da existência do outro pelo fato de ele defender algumas idéias ou colocar em prática outro modo de vida que seja concorrente ou contrário ao que foi colocado como oficial.

Evidentemente que cada grupo religioso tem o seu conjunto de "doutrinas ou ensinamentos" e que a adesão a estes deve acontecer de forma voluntária. Ninguém pode ser obrigado a aderir a confissões de fé.

Acontece que a maioria dos grupos religiosos no Brasil se defende afirmando que ninguém é compelido a aderir a seus ensinos ou preceitos éticos. Porém, quando um grupo religioso apresenta o outro como satânico, maléfico ou herege, não estaria cometendo uma violência contra as regras desse grupo, fomentando o preconceito ou desacreditando-o perante a sociedade? Muitos dirão que não.

A prática intolerante acontece quando alguém ou algum grupo entende que as suas ideologias são as melhores para a sociedade e, portanto, não admite outra opinião contrária ou algo que possa se opor a ela. Agindo dessa forma, estabelece-se um posicionamento ortodoxo, no qual é considerada válida e

---

Disponível em: http://www.direitoshumanos.usp.br. E em *Direitos Humanos na Internet* (DHnet). Disponível em: <http://www.dhnet.org.br/>.

verdadeira apenas uma experiência religiosa. Ou seja, elege-se um conjunto de valores desprezando os demais, combatendo-os como satânicos, maléficos ou simplesmente como maus.

Entende-se por "intolerância e discriminação baseadas na religião ou nas convicções" toda a distinção, exclusão, restrição ou preferência fundada na religião ou nas convicções e cujo fim ou efeito seja a abolição ou o fim do reconhecimento, o gozo e o exercício em igualdade dos direitos humanos e das liberdades fundamentais.[2]

O sujeito intolerante entende que tem uma missão para livrar as pessoas do erro. À primeira vista, a missão parece ser nobre. O problema se estabelece quando se pergunta: "Quem determina o que é erro ou não?". Em relação à religião, essa não é uma tarefa fácil. Não significa dizer que não seja possível apontar erros ou equívocos nas doutrinas ou ensinos dos grupos religiosos.

Dessa forma, o(a) educador(a) que conhecer essa realidade saberá como lidar com a situação. Ao mesmo tempo estará subsidiado com informações importantes que o ajudarão a desenvolver o tema e o exercício da tolerância na sala de aula, visto que o ambiente escolar também apresenta muitas vezes ações que são resultados de comportamento intolerante.

Ultimamente, a sociedade brasileira foi abalada com a informação de que um adolescente de 16 anos, morador de Rio Brilhante, em Mato Grosso do Sul, matou três pessoas. Chamou a atenção a maneira como os corpos foram encontrados: alinhados em forma de cruz. De acordo com a notícia, o adolescente frequentava a escola normalmente e, inclusive,

---

[2] DECLARAÇÃO sobre a eliminação de todas as formas de intolerância e discriminação fundadas na religião ou nas convicções. *Direitos Humanos na Internet* (DHnet). Disponível em: <http://www.dhnet.org.br>.

tinha boas notas; e, surpreendentemente, matou suas vítimas porque, depois de submetê-las a uma entrevista, as considerou "falsos cristãos". As perguntas que o adolescente fazia estavam relacionadas a virgindade, religião e opção sexual.[3] O ambiente escolar é um lugar privilegiado para desenvolver no cidadão a ideia de tolerância. A Declaração de Princípios sobre a Tolerância já afirmava isso: "A educação é o meio mais eficaz de prevenir a intolerância [...]. A educação para a tolerância deve ser considerada como imperativo".

Lembramos do comentário de uma educadora, que frequentava nosso mesmo grupo religioso, quando soube da possibilidade de ser ministrado Ensino Religioso nas escolas: "Será uma grande oportunidade para evangelizar (doutrinar, catequizar) as crianças". De acordo com ela, Deus estava dando essa oportunidade, ou seja, era um grande plano de Deus para que as crianças tivessem acesso ao conteúdo religioso. Não há nenhum problema em pensar que seja um plano de Deus; no entanto, queremos alertar para o perigo de a escola se transformar numa comunidade religiosa particular ou local de disputa para divulgação de um pensamento ou experiência religiosa única.

Sabemos que este não é o objetivo do Ensino Religioso nas escolas. No entanto, se alguém pensa dessa maneira, às vezes até bem intencionado, não está contribuindo para desenvolver um entendimento tolerante em relação ao outro, visto que tal comportamento não compreende a experiência religiosa de qualquer pessoa como positiva, mas sim como algo equivocado, errado e que, portanto, necessita ser orientado ou mesmo convertido a uma outra compreensão. Isso não significa que toda experiência religiosa seja saudável. É

---

3 ADOLESCENTE afirma que "tomou gosto" por matar. *Folha online*. Disponível em: <http://www1.folha.uol.com.br/folha/cotidiano/ult95u455014.shtml>. Acesso em: 13 out. 2008.

possível que o(a) educador(a), às vezes, tenha de orientar ou fazer seus educandos refletirem sobre suas práticas religiosas. Principalmente quando resultarem em violência, desrespeito ou intolerância.

Geralmente, quando o(a) educador(a) e mesmo o educando se comporta de forma intolerante, é pelo fato de acreditar que, sendo sua experiência a única e verdadeira, ele tem uma missão para desenvolver naquele lugar. Essa missão consiste em livrar as pessoas do erro. Porém, como já dissemos, o problema é quem determina o que é errado ou não. A questão se torna mais complicada quando algum grupo se apresenta como o único modelo a ser seguido ou copiado. Temos dificuldade de conviver com o múltiplo. Por que tendemos a ser mais tolerantes em relação aos aspectos culturais e menos tolerantes quanto às crenças? É possível aceitar com mais facilidade o tipo de música, alimentação, artes, moda, algumas festas e tantas outras características de outros povos. Isso tudo é incorporado nas culturas em nome do intercâmbio cultural. Isso é até saudável, desde que não descaracterize a cultura do outro. Mas, em relação à religião, ainda há resistência no que diz respeito ao intercâmbio de experiências religiosas diferentes.

Essa resistência tem uma explicação histórica. Católicos, protestantes e afrodescendentes se estabeleceram no Brasil, desde o início da colonização – embora o Protestantismo tenha chegado bem depois –, negando a experiência religiosa do outro. O catolicismo negou a experiência indígena e africana; os protestantes negaram as três.

Aconteceu, nesses casos, um processo de conversão no qual o fiel ou grupo religioso se estabeleceu contestando a experiência anterior. Ou seja, o fiel precisou passar por um processo de "purificação" de seu estado anterior, dando entrada, simbolicamente, num novo modo de vida. A conversão se caracterizava pela mudança de experiência religiosa. Ainda hoje muitos grupos continuam trabalhando com essa mesma perspectiva. Tal forma de atuar dificulta muito o entendimento entre os grupos.

Nesse sentido, a experiência religiosa anterior é sempre vista como um caminho errado, fechando, dessa forma, qualquer possibilidade de diálogo, uma vez que muitos fiéis passaram por esse processo, principalmente, os de tradição protestante. Muitos deles se apresentam como ex-católicos, ex-espíritas, ex-umbandistas etc. Portanto, para eles, como conviver ou aceitar aquilo que um dia negaram? Como aceitar aquilo que um dia lhes disseram ser errado? Como reconhecer como certo aquilo que um dia lhes ensinaram representar um caminho equivocado?

Em algum momento da história, o fiel concebeu como errônea a igreja, os ensinos ou a sua experiência anterior. Agora, portanto, ele tem dificuldade para entender que aquela mesma experiência que ele negou também se apresenta como verdadeira. O processo de conversão exige que o fiel declare sua experiência religiosa anterior como errônea, ou mentirosa ou equivocada. Na base da intolerância atual está esse processo histórico juntamente com a ideia de conversão. Se entendermos isso, compreenderemos um pouco mais o comportamento de alguns educandos e educadores.

É quase impossível falar sobre tolerância/intolerância sem se referir também à pluralidade ou diversidade cultural. Da mesma forma que temos dificuldade para entender e aceitar a experiência religiosa do outro porque fomos vítimas de um processo histórico fundamentado na noção de conversão, também aconteceu o mesmo processo em relação ao conceito de pluralidade.

Desde os filósofos pré-socráticos que o ser humano tenta demonstrar que, embora haja pluralidade, esta deve ter surgido de um único elemento. Logo cedo aprendemos que tudo deve convergir para uma única essência ou uma única divindade.

31

A tradição judaico-cristã deu grande contribuição para essa forma de pensamento ao defender a ideia do monoteísmo. Por muito tempo, combateu e eliminou de seu meio qualquer possibilidade de convivência com outras divindades. Assim como os filósofos pré-socráticos e a filosofia grega em geral buscaram encontrar o elemento que está na origem de todas as coisas, a tradição judaico-cristã identificou esse elemento com a própria divindade. Por que necessariamente todas as coisas precisam ter sua origem em um único elemento? Até hoje, os físicos e astrônomos continuam buscando o elemento que deu origem ou que está na origem de todas as coisas. Segundo essa visão, a pluralidade tem que convergir para um único elemento. Por que não admitir a origem da diversidade na pluralidade de elementos? Essa maneira de enxergar o mundo também acabou influenciando nossa maneira de entender a diversidade ou pluralidade. Temos dificuldade de conviver e entender o múltiplo. Sempre queremos que o múltiplo se transforme em uma única coisa. A pluralidade, desde há muito tempo, não foi vista como argumento válido para explicar a realidade.

Por muito tempo também enfatizamos a necessidade de reunir os grupos religiosos em torno de alguns pontos que fossem comuns aos diversos grupos. Isso daria unidade. Estamos sempre procurando algo que possa ser comum aos vários grupos a fim de que se torne o ponto de apoio para a aproximação e a convivência. Isso não é ruim. Devemos buscar todos os esforços para que continue. No entanto, precisamos reconhecer e respeitar os outros exatamente por sua diferença e não por aquilo que têm em comum com o meu grupo ou minha ideologia. Devemos respeitá-los exatamente porque são diferentes.

Aqui existe outro problema. Quando elegemos "o diferente" é porque partimos do pressuposto que exige um "normal". O diferente ou o outro pode ser aquele que não tem a mesma ideologia do meu grupo ou da sociedade; não tem os mesmos valores, a mesma cultura, a mesma religiosidade, a mesma opção sexual, a mesma cor etc. Nesse sentido, tolerar é reconhecer o outro como sujeito de direito. Retomamos aqui o conceito de tolerância do início do nosso texto. A tolerância é o respeito, a aceitação e a apreço da riqueza e da diversidade das culturas. "A tolerância é, antes de tudo, uma atitude ativa fundada no reconhecimento dos direitos universais da pessoa humana e das liberdades fundamentais do outro."

É garantido às pessoas o direito de serem diferentes. A Declaração sobre raça e preconceito racial enfatiza que "todos os povos têm o direito de ser diferentes, de se considerarem diferentes e de serem vistos como tais".[4]

A tentativa de encontrar uma essência para o ser humano também ocasionou muitos equívocos e preconceitos. A essência humana, por muito tempo, era encontrada no branco europeu; portanto, a mulher, o índio, o negro, os latinos, os árabes, os indianos, os orientais e outros eram vistos como resultado de miscigenação, ou seja, não trazia em sua essência um princípio único como responsável por sua origem. Por causa disso, o modelo ideal para tudo passou a ser a cultura ocidental representada pelos europeus. Dessa forma, todos que não se enquadravam no modelo ocidental não se sentiam como participante da essência humana. Essa maneira de enxergar a realidade dificultou o entendimento em relação aos benefícios de uma sociedade diversificada no que diz respeito à etnia, à cultura, às crianças e às mulheres.

Assim como a pluralidade e a diversidade estão na origem da realidade, o ser humano também não pode ser

---

[4] COMPARATO, Fábio Konder. *Ética*: direito, moral e religião no mundo moderno. São Paulo: Companhia das Letras, 2006. p. 663.

compreendido a partir de uma única essência. Há quem defenda que a essência do ser humano não é predeterminada. Ela é construída através das relações que se estabelecem na existência. O filósofo Sartre afirmava:

> O homem não é determinado por uma essência precedente, uma natureza humana, seja ela de que tipo for, ou algo semelhante, porém em primeiro lugar e simplesmente só pode ser determinado por sua existência [...]. O homem de fato só cria uma essência em seus projetos e ações.[5]

A diferença não pode nem deve ser um problema. Faz parte da constituição inata do ser humano e da diversidade natural da realidade. Não temos impedimentos para conviver com a diversidade na natureza; ao contrário, achamos que é exatamente isso que produz beleza e harmonia. Por que então encontramos dificuldades para nos adaptar e aceitar a diversidade humana? Partindo dessa reflexão precisamos entender que não há uma cultura melhor do que a outra; não existe uma única verdade em termos de religião ou ideologia; não há um povo ou etnia superior a outro. Precisamos trocar experiências, aprender com o diferente e respeitar o modo de vida de cada grupo, garantindo espaço para sua manifestação.

A essa altura costuma-se perguntar: mas quem são esses outros? E até onde vai o limite da tolerância? Devemos ser tolerantes com todos e com tudo? Creio que Leonardo Boff dá uma grande contribuição para responder a estas perguntas.

> Há situações em que a tolerância significa cumplicidade e leniência como o crime, omissão culposa, comodismo ou insensibilidade social e ética. Não devemos ser tolerantes com aqueles

---

[5] FLEISCHER, M. (org.). *Filosofia do século XX*. São Leopoldo: Unisinos, 2004. p. 203.

que têm em suas mãos o poder de erradicar a vida humana do planeta. Não devemos ser tolerantes com aqueles que assassinam inocentes, abusam sexualmente de crianças e traficam órgãos humanos. Não devemos ser tolerantes com aqueles que comprovadamente escravizam menores. Não devemos ser tolerantes com atos terroristas e ações fundamentalistas que em nome de um projeto político e de uma religião se atingem e se matam milhares de inocentes. Não devemos ser tolerantes com aqueles que, no afã de lucro, deterioram os meios de vida que causam a morte de milhares de pessoas. Não devemos ser tolerantes com as máfias das armas, das drogas e da prostituição que incluem sequestros, torturas e eliminação física de pessoas. Não devemos ser tolerantes com práticas que, em nome da cultura, cortam as mãos de ladrões e submetem mulheres e crianças a mutilações sexuais.[6]

Ainda de acordo com Boff, "a tolerância sem limites liquida com a tolerância, assim como a liberdade sem limites conduz à tirania do mais forte. Tanto a liberdade quanto a tolerância precisam da proteção da lei".[7] Isso não significa dizer que não haja liberdade de expressão. Este é um dos principais valores de uma sociedade democrática; no entanto, também tem seus limites. Essa liberdade não pode pôr em perigo a própria democracia nem a vida de ninguém. Portanto, algum grupo ou ideologia que queira se estabelecer pregando o preconceito, a discriminação, a violência, o ódio ou a eliminação de alguém não pode ter lugar na sociedade. Vejamos o que diz a Convenção Internacional sobre Direitos Civis e Políticos (1966):

---

[6] BOFF, Leonardo. *Virtudes para um outro mundo possível*; convivência, respeito e tolerância. Petrópolis: Vozes, 2006. pp. 89ss.

[7] Ibid., p. 91.

Artigo 20.

1. Será proibida por lei qualquer propaganda em favor da guerra.

2. Será proibida por lei qualquer apologia ao ódio nacional, racial ou religioso, que constitua incitamento à discriminação, à hostilidade ou à violência.

O limite da tolerância encontra-se no sofrimento do outro e nos acordos estabelecidos nos documentos.

Onde estão os limites da tolerância? O primeiro é o sofrimento do outro. Lá onde as pessoas são humilhadas, discriminadas e desumanizadas, aí a tolerância encontra um limite. Outro limite é imposto pela Carta dos Direitos Humanos. Esses direitos fornecem a base para uma cultura comum da humanidade que se obriga a tratar humanamente a todos os humanos. Em terceiro lugar temos a Carta da Terra, aprovada em 2000 pela Unesco. Toda e qualquer agressão à natureza será intolerável.[8]

Como foi dito antes, a tolerância precisa da proteção da lei. Existem vários documentos relacionados aos Direitos Humanos que servem de fundamentação para orientar nossas ações no que diz respeito à tolerância e principalmente à intolerância.

INTOLERÂNCIA E DIREITOS HUMANOS[9]

A Declaração Universal dos Direitos Humanos talvez seja o documento mais conhecido e citado quando se quer

---

[8] Ibid., p. 97.

[9] Esse mesmo item já foi objeto de minha reflexão no artigo: O testemunho histórico da intolerância nos documentos relacionados aos direitos humanos. *Protestantismo em Revista*, n. 1, jan./mar. 2007. Disponível em: <http://www.est.com.br/nepp/numero_07/index.htm>; e também no meu livro: *Intolerância religiosa e Direitos Humanos*, cit.

reivindicar o cumprimento de um direito ou protestar contra alguma violência sofrida.

Embora a Declaração não seja uma unanimidade no mundo atual, entendemos que reflete os anseios da maioria da população e serve de parâmetro para discussão dos direitos considerados entre as nações. É bem verdade que algumas regiões reagiram à Declaração escrevendo outros documentos que retratam seus próprios contextos. É o caso do mundo árabe, que possui um texto intitulado Declaração Islâmica Universal dos Direitos Humanos; bem como dos africanos, que têm sua Carta Africana dos Direitos Humanos, e da comunidade europeia, a qual partilha a Carta dos Direitos Fundamentais da União Europeia.

Na Declaração Universal dos Direitos Humanos, o artigo 18 contempla de forma muito clara a liberdade religiosa:

Todo homem tem direito à liberdade de pensamento, consciência e religião; este direito inclui a liberdade de mudar de religião ou crença e a liberdade de manifestar essa religião ou crença, pelo ensino, pela prática, pelo culto e pela observância, isolada ou coletivamente, em público ou em particular.

No entanto, devido à complexidade dessas relações e do entendimento da questão, a Organização da Nações Unidas (ONU) percebeu ser necessário um documento que servisse de normatização, bem como de reflexão sobre o problema. Sendo assim, em 25 de novembro de 1981, a Assembleia Geral das Nações Unidas apresentou a "Declaração sobre a eliminação de todas as formas de intolerância e discriminação fundadas na religião ou nas convicções". Dentre os artigos, destacamos alguns:

Artigo 1º
1. Toda pessoa tem o direito de liberdade de pensamento, de consciência e de religião. Este direito inclui a liberdade de

ter uma religião ou qualquer convicção a sua escolha, assim como a liberdade de manifestar sua religião ou suas convicções individuais ou coletivamente, tanto em público como em privado, mediante o culto, a observância, a prática e o ensino.

2. Ninguém será objeto de coação capaz de limitar a sua liberdade de ter uma religião ou convicções de sua escolha.

3. A liberdade de manifestar a própria religião ou as próprias convicções estará sujeita unicamente às limitações prescritas na lei e que sejam necessárias para proteger a segurança, a ordem, a saúde ou a moral pública ou os direitos e liberdades fundamentais dos demais.

Artigo 2º

1. Ninguém será objeto de discriminação por motivos de religião ou convicções por parte de nenhum estado, instituição, grupo de pessoas ou particulares.

2. Aos efeitos da presente declaração, entende-se por "intolerância e discriminação baseadas na religião ou nas convicções" toda a distinção, exclusão, restrição ou preferência fundada na religião ou nas convicções e cujo fim ou efeito seja a abolição ou o fim do reconhecimento, o gozo e o exercício em igualdade dos direitos humanos e das liberdades fundamentais.

Artigo 4º

1. Todos os estados adotarão medidas eficazes para prevenir e eliminar toda discriminação por motivos de religião ou convicções [...] e por tomar as medidas adequadas para combater a intolerância.

Artigo 6º

[...] O direito à liberdade de pensamento, de consciência, de religião ou de convicções compreenderá especialmente as seguintes liberdades:

a) A de praticar o culto e o de celebrar reuniões sobre a religião ou as convicções, e de fundar e manter lugares para esses fins; [...]

c) A de confeccionar, adquirir e utilizar em quantidade suficiente os artigos e materiais necessários para os ritos e costumes de uma religião ou convicção;

d) A de escrever, publicar e difundir publicações pertinentes a essas esferas;

e) A de ensinar a religião ou as convicções em lugares aptos para esses fins; [...]

h) A de observar dias de descanso e de comemorar festividades e cerimônias de acordo com os preceitos de uma religião ou convicção; [...].[10]

Como se viu, a ONU procurou explicitar o que era liberdade de religião no artigo 18 da Declaração Universal, propondo que tal liberdade passa pela escolha do cidadão, o qual não pode se restringir a praticar a religião estabelecida, mas ter livre escolha. A liberdade está ligada à garantia de manifestar a sua religiosidade e de não sofrer discriminação por parte do Estado, instituições ou grupos. A discriminação religiosa praticada pelo Estado é obstáculo para as relações amistosas e pacíficas entre as nações. Nesse aspecto, a religião é colocada como instrumento para promoção da paz e das relações entre os povos.

Nada disso será eficaz se o Estado não criar condições e leis para que essa realidade aconteça; por isso, o artigo 4 enfatiza que os Estados precisam criar ou adotar medidas eficazes para prevenir e eliminar todo tipo de discriminação. Esse artigo garante que as discussões não fiquem apenas no nível da adesão e assinatura de documentos, mas que

---

[10] DECLARAÇÃO sobre a eliminação de todas as formas de intolerância e discriminação fundadas na religião ou nas convicções. *Biblioteca Virtual de Direitos Humanos*. São Paulo, Universidade de São Paulo (USP). Disponível em: <http://www.direitoshumanos.usp.br/counter/Onu/Minorias_discriminacao/texto/texto_4.html>. Acesso em: 10 ago. 2006.

se faça algo de concreto para que as intenções se realizem na prática.

Da mesma forma que a ONU se preocupou em explicitar o que vinha a ser a liberdade religiosa, também teve o cuidado de esclarecer melhor o que se entendia por tolerância e intolerância. Em 1995, a Conferência Geral da Unesco (Organização das Nações Unidas para a Educação, a Ciência e a Cultura) aprovou a Declaração de Princípios sobre a Tolerância e estabeleceu 16 de novembro como o Dia Internacional da Tolerância. Este documento declara:

Artigo 1º Significado da tolerância

1.1 A tolerância é o respeito, a aceitação e o apreço da riqueza e da diversidade das culturas de nosso mundo [...]. A tolerância é a harmonia na diferença. Não só é um dever de ordem ética; é igualmente uma necessidade política e jurídica.

1.2 A tolerância não é concessão, condescendência, indulgência. A tolerância é, antes de tudo, uma atitude ativa fundada no reconhecimento dos direitos universais da pessoa humana e das liberdades fundamentais do outro [...]. A tolerância deve ser praticada pelos indivíduos, pelos grupos e pelo Estado.

1.3 A tolerância é o sustentáculo dos direitos humanos, do pluralismo (inclusive o pluralismo cultural), da democracia e do Estado de Direito. Implica a rejeição do dogmatismo e do absolutismo [...].

1.4 Praticar a tolerância não significa tolerar a injustiça social, nem renunciar às próprias convicções, nem fazer concessões a respeito. A prática da tolerância significa que toda pessoa tem a livre escolha de suas convicções e aceita que o outro desfrute da mesma liberdade. Significa aceitar o fato de que os seres humanos [...] se caracterizam naturalmente pela diversidade [...].

Artigo 2º O papel do Estado

2.2 A fim de instaurar uma sociedade mais tolerante, os Estados devem ratificar as convenções internacionais relativas aos direitos humanos e [...] garantir igualdade de tratamento e de oportunidades aos diferentes grupos e indivíduos da sociedade.

2.3 Para a harmonia internacional, torna-se essencial que os indivíduos, as comunidades e as nações aceitem e respeitem o caráter multicultural da família humana.

Artigo 3º Dimensões sociais

3.1 [...] Visto que inexiste uma única parte do mundo que não seja caracterizada pela diversidade, a intensificação da intolerância e dos confrontos constitui ameaça [...] universal.

3.2 [...] A promoção da tolerância [...] deve se realizar nas escolas e nas universidades, por meio da educação não formal, nos lares e nos locais de trabalho. Os meios de comunicação devem desempenhar um papel construtivo favorecendo o diálogo e debate livres e abertos, propagando os valores da tolerância e ressaltando os riscos da indiferença à expansão das ideologias e dos grupos intolerantes.

3.3 [...] medidas devem ser tomadas para assegurar a igualdade na dignidade e nos direitos dos indivíduos e dos grupos humanos [...].

Artigo 4º Educação

4.1 A educação é o meio mais eficaz de prevenir a intolerância.

4.2 A educação para a tolerância deve ser considerada como imperativo prioritário [...].[11]

---

[11] COMITÊ Paulista para a Década da Cultura de Paz. Um programa da Unesco 2001-2010. *Declaração de Princípios sobre a Tolerância*. Disponível em: <http://www.comitepaz.org. br/tolerancia.htm>. Acesso em: 10 ago. 2006.

Mais uma vez os documentos chamam a atenção para a responsabilidade do Estado na promoção e divulgação da tolerância. É importante perceber a sua definição como "uma atitude ativa fundada no reconhecimento dos direitos universais da pessoa humana e das liberdades fundamentais do outro". Tal documento destaca a importância da educação como meio mais eficaz para prevenir a intolerância. A educação aqui não é entendida apenas como o momento destinado ao ensino formal na sala de aula, mas educação como prática e ações realizadas no dia a dia, ou seja, educação que deve se dar em todos os momentos das relações sociais.

Além de todos os documentos já mencionados, a Convenção Internacional sobre Direitos Civis e Políticos (1966),[12] da qual o Brasil é signatário, diz o seguinte:

Artigo 18

1. Toda pessoa terá direito à liberdade de pensamento, de consciência e de religião. Esse direito implicará a liberdade de ter ou adotar uma religião ou crença de sua escolha e a liberdade de professar sua religião ou crença, individual ou coletivamente, tanto pública como privadamente, por meio do culto, da celebração de ritos, de práticas e do ensino.

2. Ninguém poderá ser submetido a medidas coercitivas que possam restringir sua liberdade de ter ou de adotar uma religião ou crença de sua escolha.

3. A liberdade de manifestar a própria religião ou crença estará sujeita apenas às limitações previstas em lei e que se façam necessárias para proteger a segurança, a ordem, a saúde ou a moral públicas ou os direitos e as liberdades das demais pessoas.

---

[12] O Pacto Internacional dos Direitos Civis e Políticos foi adotado pela Resolução n. 2.200-A (XXI) da Assembleia Geral das Nações Unidas, em 16 de dezembro de 1966, e ratificado pelo Brasil em 24 de janeiro de 1992.

4. Os Estados-partes no presente Pacto comprometem-se a respeitar a liberdade dos pais – e, quando for o caso, dos tutores legais – de assegurar aos filhos a educação religiosa e moral que esteja de acordo com suas próprias convicções.

Artigo 19

1. Ninguém poderá ser molestado por suas opiniões.
2. Toda pessoa terá o direito à liberdade de expressão; esse direito incluirá a liberdade de procurar, receber e difundir informações e ideias de qualquer natureza, independentemente de considerações de fronteiras, verbalmente ou por escrito, de forma impressa ou artística, ou por qualquer meio de sua escolha.
3. O exercício de direito previsto no parágrafo 2º do presente artigo implicará deveres e responsabilidades especiais. Consequentemente, poderá estar sujeito a certas restrições, que devem, entretanto, ser expressamente previstas em lei e que se façam necessárias para:
   1. assegurar o respeito dos direitos e da reputação das demais pessoas;
   2. proteger a segurança nacional, a ordem, a saúde ou a moral públicas.

Artigo 20

1. Será proibida por lei qualquer propaganda em favor da guerra.
2. Será proibida por lei qualquer apologia ao ódio nacional, racial ou religioso, que constitua incitamento à discriminação, à hostilidade ou à violência.

Apesar de todos estes documentos e apesar de o mundo, nos dias atuais, estar mais consciente e mais reflexivo em relação aos assuntos que envolvem respeito, diversidade, cultura, tolerância, intolerância, inclusão e exclusão, as hostilidades ainda continuam.

CONCLUSÃO

Reproduzimos alguns documentos porque julgamos necessário que os educadores tenham conhecimento dos textos nos quais devem ser fundamentadas nossas práticas.

A Declaração de Princípios sobre a Tolerância enfatiza: "A educação é o meio mais eficaz de prevenir a intolerância" e "a educação para a tolerância deve ser considerada como imperativo prioritário". Como a educação formal, escolar, pode contribuir para diminuir a intolerância ou pelo menos contribuir para que os educandos tenham conhecimento do assunto? Vemos nos Temas Transversais uma grande oportunidade para que o assunto seja discutido e debatido pelos educandos a partir de várias disciplinas. No entanto, percebemos que as disciplinas de Filosofia e Ensino Religioso têm dado grande contribuição para o esclarecimento do tema.

É importante ressaltar que qualquer assunto relacionado a valores terá mais respeito e prestígio se for colocado em prática pelos(as) próprios(as) educadores(as) e pela instituição de ensino. Aprende-se pelo exemplo. A escola e os(as) educadores(as) devem ser exemplos da prática de tolerância e respeito.

É necessário entender como funciona o pensamento intolerante. Nesse texto, destacamos: primeiro, deve-se buscar conhecer a cultura e o modo de vida do outro. Muitas vezes, a intolerância está relacionada ao desconhecimento. Segundo, entender que não existe, em termos de religião e ideologia, uma única verdade ou a verdade absoluta. É necessário estar aberto para trocar experiências e aprender com o outro. E terceiro, a liberdade também tem limite. Tolerar tudo é ser conivente com injustiças e maldades. Portanto, o limite da tolerância é o respeito, mas também é o limite estabelecido nos acordos e nas leis.

Há um limite entre a tolerância e a convivência. A intolerância acontece atualmente por dois motivos: a não aceitação da experiência religiosa diversa e a imposição de um único modo de experiência religiosa. No primeiro caso, a sociedade convive com vários grupos religiosos diferentes, mas há hostilidade e agressão entre os grupos. No segundo caso, a sociedade é teocrática. Aceita apenas uma forma. Não admite outras nem aceita apostasia. O educando intolerante não se sente nem percebe que está agindo como tal. Ele, geralmente, passou por um processo de conversão no qual teve que abandonar uma experiência anterior, que agora ele considera errada ou diabólica. Sendo assim, age como se tivesse uma missão dada pela divindade e um compromisso para resgatar outras pessoas do "caminho do mal". Portanto, acredita que está realizando uma obra divina.

Finalmente, é necessário entender que a sociedade é plural e que a diversidade não é um problema. A diversidade está na origem do ser humano e na origem da realidade.

REFERÊNCIAS BIBLIOGRÁFICAS

ADOLESCENTE afirma que "tomou gosto" por matar. *Folha online*. Disponível em: <http://www1.folha.uol.com.br/folha/cotidiano/ult95u455014.shtml>. Acesso em: 13 out. 2008.

BOFF, Leonardo. *Virtudes para um outro mundo possível*; convivência, respeito e tolerância. Petrópolis: Vozes, 2006.

COMITÊ Paulista para a Década da Cultura de Paz. Um programa da Unesco 2001-2010. Disponível em: <http://www.comitepaz.org.br/tolerancia.htm>.

COMPARATO, Fábio Konder. *Ética*; direito, moral e religião no mundo moderno. São Paulo: Companhia das Letras, 2006.

DECLARAÇÃO de Princípios sobre a Tolerância. *Biblioteca Virtual de Direitos Humanos*. São Paulo: Universidade de São Paulo (USP). Disponível em: <http://www.direitoshumanos.usp.br>.

DECLARAÇÃO sobre a eliminação de todas as formas de intolerância e discriminação fundadas na religião ou nas convicções. *Direitos Humanos na Internet* (DHnet). Disponível em: <http://www.dhnet.org.br>.

FLEISCHER, M. (org.). *Filosofia do século XX*. São Leopoldo: Unisinos, 2004.

SILVA, Clemildo Anacleto. O testemunho histórico da intolerância nos documentos relacionados aos direitos humanos. *Protestantismo em revista*, n. 1, jan./mar. 2007. Disponível em: <http://www.est.com.br/nepp/numero_07/index.htm>.

SILVA, Clemildo Anacleto; RIBEIRO, Mario Bueno. *Intolerância religiosa e Direitos Humanos*; mapeamentos de intolerância. Porto Alegre: Sulinas, 2007.

A resistência do povo negro e uma fé carregada de Axé

*Marcos Rodrigues da Silva**

"Os escravos são as mãos e os pés do senhor do engenho, porque sem eles no Brasil não é possível fazer, conversar e aumentar fazenda, nem ter engenho corrente."

Pe. Antonil, sj, 1711

A história das populações africanas e afro-brasileiras, que compõem aproximadamente 60% da nossa população é reconhecida por quinhentos anos de muita luta e resistência e pela autodeterminação. Na diáspora africana, esse povo se afirma como cultura marcada pela pluralidade étnica e diversidade religiosa, numa sociedade neoliberal onde apenas consegue reconhecer-se na sua realidade multicultural. O desafio está em dar uma passo adiante na afirmação da pluralidade étnica e na valorização da diversidade cultural, como parte integradora da identidade brasileira.

A ÁFRICA DE ANTIGAMENTE

Quando os africanos eram trazidos para o Brasil como escravos, o continente africano apresentava uma divisão diferente da atual. Vindos em grupos, faziam-se reconhecer

---

* Teólogo e educador popular. Membro do GPEAD-FURB-SC.

pelo seu traço cultural. Dois grupos se sobressaíam: bantos e sudaneses.

Os bantos ou bântu eram representantes de um grupo linguístico falado por milhões de africanos, dividindo-se em inúmeras línguas, em torno de 300 dialetos. Habitavam quase 2/3 da África Negra, desde o Camerum até o Sul, incluindo Angola e Congo, de onde veio a maioria dos escravos. Desse grupo – cujas línguas kimbundo e kikongo, entre outras, são as que mais deixaram termos na nossa –, classificam-se, ainda, como bantos os negros de Moçambique e de colônias portuguesas da época.

Os sudaneses são povos que antes habitavam a região entre o deserto do Saara e o Atlântico (Golfo da Guiné), a chamada África Intertropical, que hoje corresponde aos países Tchad, Níger, Sudão, entre outros, bem como os da Costa do Golfo: Nigéria, Benin (antigo Daomé), Togo, Gana (antiga Costa do Ouro), Costa do Marfim, estendendo-se até a Libéria, Serra Leoa, Guiné-Bissau e Senegal. Esse grupo divide-se em dois, que muito contribuíram para a formação da cultura brasileira: os iorubás e os hauçás. Os iorubás eram povos sudaneses da região de Iorubá (Nigéria, África Ocidental) e habitavam de Lagos, ao Norte, até o rio Níger (Oya), e algumas cidades de Benin e Togo. Na Bahia, foram conhecidos também como nagôs, dominando social e religiosamente seus irmãos vindos de outras nações. Sua língua foi a mais falada, abafando os demais dialetos. Iorubá tinha como capital política Oya, e religiosa "Ifé", onde a humanidade foi criada, segundo os mitos.

Os hauçás viviam no norte da Nigéria, em parte da República do Níger e em certas comunidades da África do Norte, Oeste e Equatorial. O dialeto "Kano" (da cidade de Kano, que dizem ter mil anos) é aceito como padrão; foi falado no Brasil e conhecido também como malês ou muçulmis (refere-se à religião dos muçulmanos ou maometanos). A influência desse povo pode ser notada nos trajes e amuletos

48

dos cultos afro-brasileiros, como lembra o professor Saul Martins.[1] Também não se pode esquecer que alguns de seus integrantes lideraram vários movimentos de rebeldia, como a "Revolta dos Malês". Esse subgrupo, o estudioso Arthur Ramos denominou de guineano-sudaneses islamizados, ou negro-maometanos.

A IDENTIDADE QUE TEMOS COMO LEGADO DA ÁFRICA

Nossos antepassados vieram da África com um rótulo de descendentes de escravos ou filhos de escravos.

Queremos apresentar um estudo crítico que possa mudar a prática de compreender os conteúdos escolares, demonstrando que, a partir do tema "negros", há um potencial de referenciais teóricos e práticos capazes de oferecer ao profissional em educação novos parâmetros de conhecimento e intervenção na sala de aula. Tudo com base na Lei n. 10.639, de janeiro de 2003, e na garantia da tradição banto e nagô, que o povo negro na diáspora africana garantiu para todos no terreiro, nas comunidades de fé.

Partimos, sempre, do entendimento de como os povos africanos – bantos, iorubás, sudaneses, nagôs, ketu, entre tantos – foram introduzidos no projeto de exploração da empresa colonial como mão-de-obra escrava por três longos séculos (XVI, XVII e XVIII).

UM POUCO DA HISTÓRIA DESSE POVO

O primeiro ciclo da Guiné, segundo Verger,[2] recebeu tal denominação no século XVI, em torno de 1540, para definir

---

[1] Antropólogo, especialista em folclore e professor da UFMG. (N.E.)

[2] Pierre Edouard Leopold Verger, fotógrafo e etnólogo autodidata que dedicou parte de sua vida ao estudo da diáspora africana – o comércio de escravos, as religiões afroderivadas do Novo Mundo e os fluxos culturais e econômicos, resultando de e para a África. (N.E.)

a costa oeste da África, ao norte do equador. Os portugueses tinham fortalezas e entrepostos por toda a costa africana, mas realizavam pouco comércio de escravos com a Costa do Ouro, onde se encontrava um de seus mais antigos estabelecimentos: o Castelo de São Jorge da Mina. Nesse lugar, o objeto do tráfico era o ouro. Assim, pelo princípio de que a moeda de troca era o ouro, navegadores portugueses trocavam barras de ferro por escravos no Congo para permutá-los, em seguida, por ouro.

No começo do segundo ciclo de Angola, no final do século XVI, e durante o século XVII (Verger: 2002, p. 28), os holandeses invadiram o Brasil, entre 1630 e 1680, através da Companhia Holandesa das Índias Ocidentais. Financiaram os senhores de engenho e, em 1639, apenas com nove anos de ocupação, exportaram mil toneladas de açúcar. A invasão holandesa, pacífica a priori, não modificou os modos de produção; ao contrário, aproveitou-se do sistema escravista vigente no Brasil e fortaleceu seus negócios.

O terceiro ciclo da Costa da Mina, que durou até meados de 1775, no século XVIII, fez chegar ao Brasil africanos denominados "negros minas", não sendo estes originários da Costa do Ouro, mas, sim, de quatro portos que ficavam à leste, ao longo da costa do Daomé. Depois de expulsos do Brasil, os holandeses impuseram sanções aos portugueses na costa africana, onde tinham o domínio, só autorizando a eles a prática do tráfico de escravos em quatro portos: Grande Popo, Uidá, Jaquin e Apá, sob a condição de antes deixarem como taxa, no castelo de São Jorge da Mina, dez por cento do seu carregamento de tabaco (fumo de rolo). Isto porque foi a única mercadoria autorizada para se usar no tráfico. Contudo, Portugal não produzia tabaco; a Bahia era o seu principal produtor e exportador. Naquele momento, o tabaco

50

comercializado no tráfico era o de terceira qualidade, pois os de primeira eram exportados para a Europa.[3]

QUANDO COMEÇOU A MUDAR ESSA REALIDADE, NASCEU...

As propostas de mudanças começaram a surgir com a publicação da Lei da Terra (1850) e da Lei Áurea (1888), quando essa parcela significativa da população brasileira foi desafiada a encontrar seu espaço nos diversos projetos sociais, econômicos e políticos que iriam caracterizar o Brasil do século XX. Mas é no ambiente da prática da religião e da religiosidade popular que a população negra recuperou uma parte significativa da dignidade humana e étnica, através de diversas ações e atitudes. E isso dentro de uma sociedade que, até hoje, não reconhece os integrantes dessa população negra como sujeitos de uma tradição histórica, ou de diversas tradições. Tradição que os faz ser um povo com linhagem, com alteridade e conhecedor de um Transcendente, o qual se manifesta com ternura, majestade e divindade.

Com base nisso, alguns temas são emergentes para que o profissional de educação perceba, com visão crítica, o quanto deve ser pertinente sua intervenção para mudar a perspectiva do alunato em relação à identidade étnica e cidadã das populações afro-brasileiras. A partir dessa ótica, podemos estabelecer o caráter de multirracialidade que forma a identidade do nosso país. Portanto, vamos às origens, com um olhar atento no futuro do aluno, do profissional em educação e da própria escola que queremos.

Um olhar que procura revelar os deuses e divindades que nascem de duas tradições africanas: a palavra oral e a terra.

---

[3] Disponível em: <http://www.claudialima.com.br/pdf/DIASPORA_NEGRA_PARA_O_TER-RITORIO_BRASILEIRO.pdf>.

NA TERRA E PELA TERRA, O POVO NEGRO RECONHECE SUA IDENTIDADE[4]

A compreensão que o povo negro busca afirmar no seu contato com a terra é a de que, nela, tudo acontece para o bem comunitário. No ambiente religioso, revela uma dimensão profunda da presença do Deus da Vida no seu dia a dia. "A terra é um aspecto do grupo, não a base do agrupamento [...]. Em parte nenhuma da África a base do reagrupamento depende de contratos autóctones."[5] Desse modo, podemos apontar algumas dimensões do como essa presença acontece e como é percebida por esse povo:

- *Pessoa e autoestima nas comunidades afro-americanas.* É fruto de um Deus que se revela na pessoa e a dignifica perante a comunidade que vive e se relaciona. Para confirmar essa interação entre o divino e o humano, o povo africano banto construiu sua concepção do mistério da criação: "O serviço do negro terá consistido em contribuir, com outros povos, para refazer a unidade do homem e do mundo, unir a carne ao espírito, o homem ao seu semelhante, a pedra a Deus. Noutros termos, unir o real ao super-real por meio do homem, não como centro, mas como articulação, umbigo do mundo".[6]

- *Energia vital e respeito pela vida, expressos na identidade matriarcal e no respeito aos antepassados.* Para o negro na diáspora africana, Deus é uma constante,

---

[4] SILVA, Marcos Rodrigues da. Teologia afro-americana com um olhar nos passos da comunidade e suas atitudes de fé; corpo e terra, imagens do Deus da Vida. In: ALTUNA, P. Raul Ruiz de Asúa. *Cultura tradicional Banto*. Luanda: Secretariado Arquidiocesano de Pastoral, 1985. Disponível em: <http://www.wftl.org/pdf/009.pdf>.

[5] ALTUNA, op. cit., p. 139.

[6] Ibid., p. 254.

em todo momento lembrado. É Zâmbi quem dá ritmo à vida. Confirmamos isso nas palavras de uma senhora congadeira, Mãe Geralda do Jatobá, da região de Ibirité-MG:

O que mais sagrado Deus criou na Terra foi o ser humano. Ele misturou um pouco de tudo que tinha criado e fez o corpo do homem e da mulher; quando terminou, soprou em sua boca o sopro dele, que é a sua própria alma. A partir daí, a criança é feita dentro da mãe, e a hora do nascimento, a hora de chegar o sopro de Zâmbi, é o momento mais sagrado. Nós, parteiras, temos uma responsabilidade muito grande: devemos preparar tudo da melhor maneira para essa hora tão santa. Quando a parteira sai para ajudar uma criança a chegar ao mundo, já deixou tudo preparado em casa. Já deixou uma vela acesa significando a presença de Zâmbi naquele momento. Já rezou para o anjo da guarda, o guia da criança que está chegando, para a mãe e para ela. São as três que precisam da proteção de Zâmbi para essa hora. É Deus adiante e paz na guia. Durante o parto, estou ligada em Zâmbi, o criador, e em Nossa Senhora do Rosário, que é mãe. É uma emoção muito grande! Está chegando uma criatura à Terra e sou eu a responsável pelo corpo, e sou eu quem vai saravá a alma daquele *aquenjê* (menino = catito).[7]

- *Espiritualidade, mística e alegria comunitária.* Nos elementos que compõem a identidade do negro na diáspora africana, podemos destacar estas três atitudes como as que se deixam transparecer no cotidiano vivido nas comunidades negras. A alegria da vida comunitária é

---

[7] Ver GONÇALVES, Eugenia Dias. Identidade de Deus dentro da reflexão das congadas na região metalúrgica de Minas Gerais. In: *Identidade negra e religião*. Rio de Janeiro: CEDI/ Edições Liberdade, 1986.

53

sinônima à existência, ao sentido e à valorização de ser indivíduo, que desde o nascimento até a morte se subordina ao grupo; o único que estabelece as diretrizes da vida social. A mística negra tem sua base de energia no *tato, no tocar*. Como define A. Césare: "E já sabeis o resto, que dois e dois são cinco". O negro "simpatiza", faz contato com a realidade porque a sente com uma palpitação vital. Por isso, abandona-se ao Outro, comove-se ante o Outro. Por fim, a espiritualidade do negro na diáspora tem como princípio a sacralidade do universo que precisa da comunicação com um vértice da pirâmide vital. Mas, para que esse relacionamento aconteça, não é necessário recitar um credo: o seu credo está neles, no seu sangue, no seu coração. Tudo o que acreditam ser Deus exprimem através de termos concretos, de atitudes e de atos de adoração. O indivíduo acredita naquilo em que os outros membros da comunidade acreditam: é uma fé comunitária.

- *Harmonia com a natureza, a terra e os ecossistemas.* Os seres espirituais explicam o "espaço antológico" entre seres humanos e Deus. Tais seres podem ser reconhecidos de formas diferentes, principalmente como *divinizados* e como *espíritos*. Os divinizados foram criados por Deus e alguns são também personificações de fenômenos e objetos naturais principais, tais como montanhas, lagos, rios, terremotos, trovões etc. Os espíritos podem ser considerados em duas categorias: divinos celestiais (céu) e do mundo (terra). Os espíritos "divinos" são aqueles associados com os fenômenos e os objetos "divinos", como o sol, as estrelas, cometas, chuva e tempestades. E os "da terra" são, em parte, relacionados a fenômenos e objetos da terra, e, em parte, ligados a pessoas após a morte (Egungun).

AS COMUNIDADES NEGRAS RURAIS E AS COMUNIDADES REMANESCENTES DE QUILOMBOS – O ONTEM E O HOJE

A Constituição Federal garante, no art. 68 das Disposições Transitórias, o direito da titulação e demarcação das terras remanescentes de quilombos e comunidades negras. Mas, passados vinte anos desta promulgação, continua o desafio para a comunidade negra de conquistar seu direito constitucional. Em jogo estão os interesses imobiliários ou grandes latifúndios, que reconhecem o valor financeiro que está na terra vista apenas como mercadoria.

Já as populações negras estão vinculadas a essas terras pela localização em áreas de matas, nascentes de riachos ou próximas aos rios. São elementos que evidenciam as relações de parentesco com ex-escravos ou comunidades negras que ali se instalaram na intenção de conservar suas tradições e a própria dignidade humana.

COMUNIDADE CAFUZA, JOSÉ BOITEUX – SANTA CATARINA, BRASIL

A continuidade do processo de reconhecimento dessas comunidades rurais ou remanescentes é uma tarefa que deve fazer parte da agenda de todos os que lutam pela dignidade humana e pelo valor da cultura negra no Brasil. O dilema deste início de século está na elaboração de uma agenda que se volte para a quitação das dívidas sociais; que, de fato, supra as necessidades de comunidades afrodescendentes, já que vivemos em uma sociedade globalizada econômica e socialmente. Sociedade essa da mundialização da palavra, da era da informática, da automação, da biotecnologia, da engenharia genética e de novos materiais e novas gestões das empresas, o que tem provocado novas relações humanas e sociais. O desafio está na conscientização de qual é o papel que devemos assumir no compromisso de busca da afirmação e valorização desse povo, de sua história e de suas variadas experiências religiosas. (Terra Sagrada: onde estão aqueles que "se foram, mas estão aqui".)

DÍVIDAS ABERTAS

Nesta situação de exclusão da terra, no campo e na cidade, queremos destacar algumas dívidas:

- Conhecer o diagnóstico das famílias afrodescendentes que fazem parte do mutirão de luta pela terra e na terra.

- Exterminar a violência institucionalizada no mundo rural. O Brasil continua sendo uma sociedade escravista, sobretudo na área rural. Antes, matavam e torturavam os escravos que tentavam escapar das grandes propriedades; anos depois, matavam e proferiam ameaças para expulsá-los dessas mesmas fazendas; e, hoje, massacram quando os trabalhadores sem-terra tentam ocupar várias extensões improdutivas controladas pela mesma camada de latifundiários.

- Reconhecimento das terras dos remanescentes de quilombos. É importante eliminar as atitudes de benevolência das sociedades circunvizinhas, que permitem a convivência no mesmo espaço ou território, sob atitudes de exclusão pública e privada, ou distanciamento sistemático. É a continuidade dos sistemas de *apartheid* que, nem de longe, estão banidos das nossas relações sociais e econômicas.

- Estimular, em todos os espaços da sociedade e das igrejas, o exercício do diálogo entre os diferentes, numa prática multirracial e popular, capaz de considerar a luta pela terra e na terra, assim como os valores presentes na cultura e na convivência religiosa de afrodescendentes.

- Por fim, contemplar a identidade das populações afrodescendentes de conceber a terra como um bem comum, e não como um mero instrumento de trabalho, que propõe formas de conviver com diferentes tipos de relações na vida dos trabalhadores e trabalhadoras rurais, nas diversas regiões brasileiras.

REFERÊNCIAS BIBLIOGRÁFICAS

ALTUNA, P. Raul Ruiz de Asúa. *Cultura tradicional banto*. Luanda: Secretariado Arquidiocesano de Pastoral, 1985.

GONÇALVES, Eugenia Dias. Identidade de Deus dentro da reflexão das congadas na região metalúrgica de Minas Gerais. In: *Identidade negra e religião*. Rio de Janeiro, CEDI/Edições Liberdade, 1986.

VERGER, Pierre. *Fluxo e refluxo do tráfico de escravos entre o Golfo do Beni e a Bahia de Todos os Santos: dos séculos XVII a XIX*. 4. ed. Salvador: Corrupio, 2002.

Endereços eletrônicos

ALTUNA, P. Raul Ruiz de Asúa. *Cultura tradicional banto*. Luanda: Secretariado Arquidiocesano de Pastoral, 1985. Disponível em: <http://www.wftl.org/pdf/009.pdf>.

SILVA, Marcos Rodrigues da. Teologia afro-americana com um olhar nos passos da comunidade e suas atitudes de fé; corpo e terra imagens do Deus da Vida, 2009.

LIMA, Claudia. *Diáspora negra para o território brasileiro*. Disponível em: <http://www.claudialima.com.br/pdf/DIASPORA_NEGRA_PARA_O_TERRITORIO_BRASILEIRO.pdf>.

Diversidade religiosa na perspectiva indígena

Lori Altmann*

A educação vista num contexto de diversidade de povos, culturas e também de religiões não é algo novo em nosso país, mas a preocupação em perceber essa diversidade como uma riqueza a ser identificada, interpretada e valorizada é relativamente recente.

Os conhecimentos sobre a "História e Cultura Afro-brasileira e Indígena" e sobre as dimensões étnico-culturais e religiosas do conhecimento passam a fazer parte do currículo oficial da rede de ensino (pública e privada), de maneira mais sistemática e formal, com a exigência de serem desenvolvidos nas escolas, a partir da Lei Federal n. 11.465, de março de 2008.

Este texto apontará para princípios básicos que possam orientar a inclusão da temática da questão indígena na disciplina de Ensino Religioso, mas também em outras disciplinas como História, Geografia, Língua Portuguesa, Sociologia, Filosofia, Biologia, Educação Artística e muitas outras. Ao mesmo tempo, apresentará alguns exemplos do ponto de vista indígena, principalmente no que diz respeito às suas cosmovisões e tradições religiosas.

---

* Doutora em Teologia pela Faculdades EST, mestra em Ciências da Religião pela Universidade Metodista de São Paulo (Umesp) e em Antropologia pela Universidade Federal do Rio Grande do Sul (UFRGS). Atuou entre os povos indígenas Suruí de Rondônia, Kulina do Acre e num projeto com indígenas que vivem nos espaços urbanos na região da grande Porto Alegre. Atualmente, é professora de Antropologia na Rede Metodista de Educação do Sul – IPA, em Porto Alegre-RS.

OLHAR A PARTIR DE OUTRA PERSPECTIVA RELIGIOSA[1]

As tradições religiosas, na sua multiplicidade, apresentam diferentes visões a respeito da relação com o transcendente. Ao buscarmos esse contato com as culturas indígenas, precisamos fazer o exercício de olhar a partir de outras perspectivas religiosas. É importante ressaltar que só nos conhecemos e nos encontramos com nós mesmos, com nós mesmas, através do outro, da outra, ou seja, através da alteridade.

O conhecimento adequado de uma religião indígena, entendida como um conhecimento construído, transmitido e transformado socialmente na relação entre pessoas e o sobrenatural ou transcendente, supõe o conhecimento da sua língua e cultura. Por ser religião de tradição oral, boa parte do que se aprende não ocorre em processo formal de estudo, mas no contato, na convivência e na participação de atividades cotidianas. O aprendizado ocorre à medida que se vai observando, conferindo e perguntando, muito na linha do método etnográfico desenvolvido pelo antropólogo Bronislaw Malinowski (1984).[2]

---

[1] As reflexões que apresento neste texto estão baseadas numa prática missionária, minha e de meu esposo, a partir de 1978, com as comunidades indígenas da Amazônia. Decidimos nos dedicar à questão indígena motivados por um grupo de estudos da questão indígena na Faculdade de Teologia e pelo meu estágio desenvolvido em duas áreas bem distintas, no Mato Grosso, com os Tapirapé, com as Irmãzinhas de Jesus, da Congregação de Charles de Foucault (Igreja Católica), e depois com os Kaingáng, na Missão Guarita da IECLB (Igreja Evangélica de Confissão Luterana no Brasil). Optamos pelo trabalho missionário, aqui entendido como ação pastoral indigenista, sendo enviados pela Igreja para trabalharmos com o povo Suruí do estado de Rondônia, em 1978. Em 1980, transferimo-nos para o Acre, para um trabalho na linha da Pastoral Indigenista de Convivência junto à comunidade Kulina, da aldeia de Maronáua, do alto rio Purus. Fomos a convite da comunidade indígena e também do CIMI-Amazônia Ocidental, que intermediou o contato, num trabalho de cooperação com indigenistas da Igreja Católica. Ficamos localizados numa área distante, sete dias de barco da primeira cidade mais próxima, Sena Madureira.

[2] MALINOWSKI, Bronislaw K. *Argonautas do Pacífico Ocidental*; um relato do empreendimento e da aventura dos nativos nos arquipélagos da Nova Guiné Melanésia. Prefácio de Sir James G. Frazer. Trad. Anton P. Carr e Lígia Aparecida Cardieri Mendonça, revista por Eunice R. Durham. 3. ed. São Paulo: Abril Cultural, 1984.

Um grande desafio, em relação às religiões indígenas, diz respeito a aprender o mundo mítico, ou melhor, o universo simbólico indígena, expresso nas narrativas, nos rituais e nos cantos. Trata-se de captar a lógica deste mundo no qual, através da mediação de especialistas, são estabelecidas relações com espíritos que geralmente se localizam no interior da floresta ou nas profundezas da terra.

Historicamente, a cultura ocidental e cristã viu as outras tradições religiosas a partir de seu ponto de vista. A aproximação com outras tradições religiosas exige, no entanto, um processo de reeducação, através do qual é preciso se colocar no mundo com base na visão do outro. Passa a ser uma descoberta interior, e não feita de fora daquela cultura e religião. Isso impõe uma atitude de respeito à diferença, num sentido ecumênico amplo, ou macroecumênico, imprescindível em um contexto de pluralismo religioso.

Num primeiro momento, é necessário um "silêncio" mediante o qual a palavra do outro povo, a palavra da outra cultura, possa ser escutada, pois a escuta torna-se a condição para o diálogo. Urge que esse silêncio e essa escuta ocorram dentro de um processo de convivência, que, por sua vez, possibilite um diálogo frutífero, mediante o qual, aos poucos, vão surgindo o conhecimento mútuo e a superação das desconfianças.

As religiões indígenas estão intimamente relacionadas com a terra e com suas reais condições de sobrevivência física e cultural. O respeito à sua religião passa pelo compromisso com suas lutas bem concretas e por sua busca por qualidade de vida. Os povos indígenas não precisam de misericórdia, mas de justiça. Não precisam de esmola, mas de devolução com juros de tudo aquilo que lhes foi roubado. Essa justiça histórica apresenta-se como uma exigência para o restabelecimento de sua dignidade. No entanto, não existe autodeterminação e autonomia sem a superação de toda forma de dependência. Isso só acontecerá com a mudança estrutural da própria sociedade brasileira como um todo. Dentro do estado brasileiro atual, os povos indígenas permanecem dependentes e explorados, enquanto suas culturas e cosmovisões encontram-se ameaçadas. Uma outra relação com esses povos indígenas, permeável à cultura e às demandas de suas comunidades, pode vir a contribuir para a sua sobrevivência física e cultural, preservando uma relação o mais possível simétrica e digna. Cito aqui o pastor Walter Sass, que, descrevendo a sua experiência entre os Kulina do vale do rio Juruá, afirma:

> Cada vez aprendo mais com este povo que sabe do mistério da vida, do essencial [...] do respeito à natureza, à criança, ao convívio com outros. Não tenho uma visão romântica. Os Madiha se chamam gente, como nós. Eles sabem das suas falhas. Os mitos narram isto. Mas a história foi violenta demais para este povo e ainda é. Um verdadeiro encontro das duas religiões, das duas manifestações de dar sentido a este mundo se concretizará no momento em que nós deixarmos muitos elementos destrutivos da nossa cultura (que não são cristãos) caírem. Eu estou no meio deste diálogo, aprendendo, escutando, descobrindo, em longas meditações nas viagens e na aldeia, a mensagem Daquele que está ao lado dos que lutam pela vida.[3]

O Ensino Religioso, como um processo comunicativo crítico, exige uma reinterpretação da fé cristã e da cultura ocidental para uma verdadeira compreensão das religiões indígenas. A aproximação com o "outro", o conhecimento e a valorização de sua cultura e de seu modo de ser, precisa ocorrer num contexto de diálogo respeitoso. Esta seria uma tentativa não etnocêntrica

---

[3] In: *Relatório do projeto "Missão entre os Kulina do Médio Juruá"*; atividades, experiência e perspectivas – 1988 a 1989. Rio Branco, 30.3.1989. p. 5.

de se relacionar com povos e comunidades dominadas e que lutam por espaços de manifestação autônoma.

A escola é também um lugar privilegiado para uma revisão da História e para uma busca por mudança de mentalidade dos alunos e das alunas no que diz respeito às populações indígenas que vivem em nosso país. Para isso, precisamos considerar que existem aí implicadas relações assimétricas em termos culturais, sociais e econômicos, e que o diálogo inter-religioso não está isento dessas relações de poder. Apesar disso, vale a pena tentar, porque ao assumir uma aproximação aberta e permeável à cultura do outro, não se permanece mais o mesmo. Essa é a essência do diálogo.

INDÍGENAS E A DIVERSIDADE ÉTNICA

Neste texto, optamos pela palavra "indígena", que nos vem do latim, significando "o habitante primitivo de uma terra". Aquela pessoa que é originária de determinado país ou determinada localidade; quem é natural do lugar ou país onde habita. Em outras situações, podemos ainda encontrar as seguintes denominações: aborígenes, povos originários ou povos autóctones. Evitaremos o termo "índio" por ser resultado de um erro histórico, apesar de ter sido posteriormente adotado politicamente por esses povos, por representar uma denominação comum, a qual abarca uma significativa diversidade étnica. Nesse sentido, devemos considerar a existência no território brasileiro de uma multiplicidade de povos e culturas com línguas, cosmovisões e formas diferenciadas de organização sociopolítica e econômica.

POVOS INDÍGENAS COMO SUJEITOS RELIGIOSOS

É importante a identificação dos povos indígenas como sujeitos religiosos. São eles que passam a nos interpelar e a

63

nos interpretar como "outros". Pois, neste esforço de olhar de outro ponto de vista, de ouvir outras palavras e outros discursos, nós, como "outros" ou "outras", também passamos a ser vistos, a partir da perspectiva indígena. Segundo Carlos Rodrigues Brandão,[4] "culturas não se relacionam. Quem se relaciona são agentes de cultura, são sujeitos produtores e reprodutores de cultura". Indo mais além, podemos dizer que religiões não se inculturam, mas agentes religiosos é que promovem a inculturação da religião, na dinâmica da relação, do diálogo e do questionamento mútuo.

Alguns discursos de resistência desses sujeitos religiosos são explicitados em reuniões ou mesmo no dia a dia da aldeia, expressando a autoafirmação de sua perspectiva cultural e religiosa. Cito a seguir parte de um discurso pronunciado no I Encontro de Espiritualidade Indígena e Fé Cristã, realizado de 24 a 27 de agosto de 1994, na aldeia Pakuera do povo indígena Bakairi, no Mato Grosso, com o apoio do Grupo de Trabalho Missionário Evangélico – GTME. Antônio, Guarani Ñandeva, na época vice-cacique da aldeia Guarani no Espírito Santo e representante da organização guarani Ñemboaty Guasu, disse:

O joão-de-barro não vai dizer para o sabiá fazer casa igualzinha à dele, ou vice-versa. Não vai dizer que o meu jeito de fazer casa é mais fácil. Quando a gente conhece, a gente aprende a respeitar. Não aceitamos o fato do Cristianismo querer colocar só a sabedoria dele na aldeia. Defendemos também o direito de decidir até que ponto vamos aceitar o que vem lá de fora. Que eles respeitem a nossa cultura como nós respeitamos a deles.

---

[4] BRANDÃO, Carlos Rodrigues. Impor, persuadir, convidar, dialogar: a cultura do outro. In: VV.AA. *Inculturação e libertação*. São Paulo: Paulus, 1986. p. 16.

A comunidade me escolheu para defender os direitos do meu povo, direitos que Deus nos deu. Deus criou a terra com a palma da mão. O Sol e a Lua são feitos pela sabedoria de Deus. O nosso povo sempre respeitou a cultura, a natureza. Os que vieram da Europa já destruíram muito por aqui. O povo, a terra, tudo o que existe no Brasil. Não vai chegar um branco lá da cidade e querer dizer o que nós devemos guardar. A nossa riqueza é a nossa mata, os nossos costumes e a nossa religião [...] nos destruindo eles vão pegar nossa terra. Se nós queremos continuar sendo guarani, temos que manter a nossa religião antiga. Deus deu a sabedoria a Ñamandu e ele a passou para nós. Deu esta sabedoria e isto é verdade. Deus deu a sabedoria para nós igual na Bíblia, só que não foi escrita. Veio como sabedoria de Ñamandu para os Guarani. Se nós já temos religião, por que vamos aceitar outra religião? Nós sempre buscamos Deus de madrugada e de noite. Como vamos buscar a Deus na nossa cultura e na outra cultura que não é a nossa? O que o pastor diz é doutrina, está escrito na Bíblia. Para nós a sabedoria está na memória dos mais velhos como um troféu que passa de geração em geração. Se o povo decidir deixar sua cultura, o índio é que vai estar perdendo. Deus vai ficar com lágrimas nos olhos. Vai dizer: "Os meus filhos, os nativos, estão se deixando enganar, estão perdendo a sabedoria". Porque estaremos entregando o ouro que nós temos, a nossa sabedoria.

Perante as lideranças religiosas indígenas presentes naquele encontro, Antônio revelou uma grande capacidade de oratória, uma característica da cultura guarani. Para nós, o que adquire relevância é aquilo que ele coloca em termos de questionamento e a maneira como provoca a reflexão.

As religiões indígenas expressam uma sabedoria, uma maneira própria de ser e de estar no mundo, uma cosmovisão. Esta última precisa ser entendida de forma integrada como uma visão sobre si, sobre os outros seres e sobre o mundo.

65

O teólogo Karl Barth define teologia como um falar "a partir de Deus"; já para a tradição cristã de matriz agostiniana, a Teologia é organizada segundo dados da revelação e da experiência humana. Tais dados podem também ser percebidos na narrativa de Antônio, na qual a religião permeia todos os momentos e âmbitos da vida.

Na tradição cristã, o sentido literal da palavra teologia era o estudo sobre Deus, que vem do grego *theos* ("Deus") + *logos* ("palavra" e, por extensão, "estudo"). Teologia também pode ser entendida como "sabedoria", como "conhecimento" ou como estudo de Deus a partir de sua revelação, que no judeo-cristianismo está registrada fundamentalmente nas narrativas da Bíblia. O discurso guarani anteriormente citado tenta estabelecer uma relação simétrica entre a "sabedoria" ou "palavra revelada" oralmente aos guarani e a "sabedoria" ou a "palavra revelada" na forma escrita, através da Bíblia, para os povos cristãos.

Egon Schaden, antropólogo especialista em cultura guarani, classificava as religiões indígenas em dois grandes grupos: as religiões da palavra e as religiões do rito. Poderíamos, por exemplo, identificar a religião dos diferentes subgrupos guarani com "a palavra", por sua grande capacidade oratória e por sua inspiração. E identificar a religião do povo Kulina, segundo minhas pesquisas, com, predominantemente "o rito".

Os indígenas, em sua diversidade como povos e culturas, desenvolveram cosmovisões representadas nos ritos (ou rituais) e explicitadas através de narrativas mitológicas. Essas cosmovisões estão presentes e operantes no cotidiano e em todos os aspectos da vida desses povos. Nestes, pessoas iniciadas, em geral as mais velhas, desempenham papéis especializados no âmbito religioso e são as receptoras e intérpretes dos cantos, dos sonhos e das visões.

No próximo item apresento um mito do povo indígena Kulina, que se autodenomina Madija e vive na Amazônia Ocidental, entre os vales dos rios Purus e Juruá. A história recente deste povo foi marcada pelo confronto com a sociedade do homem branco, a partir da frente extrativista da borracha e do caucho.

A organização social do povo Kulina enfoca o sistema do Manaco, ou de reciprocidade, que se expressa simultaneamente tanto como dom quanto como vingança, e integra as dimensões socioeconômica, política e religiosa, que, por sua vez, identifica o modo de ser Kulina. O sistema de Manaco, como uma instituição básica deste povo indígena, garante a sua diferenciação em relação aos processos e investidas da sociedade dominante em seu território, constituindo o elemento de resistência mais constante.

Este povo foi reformulando sua produção simbólica e o conhecimento sobre si, sobre o "outro" e sobre o mundo, na contradição que se estabeleceu entre o sistema de reciprocidade e o sistema de produção, que é hegemônico na sociedade dominante. Essa reformulação esteve centrada na luta pela terra, lócus de sua reprodução física e produção simbólica, que se expressa a partir de uma ecologia social própria.

Este relato mítico nos foi contado por Huarina, da aldeia kulina de Santo Amaro, Alto Purus, Acre, e demonstra que os Kulina, como sujeitos religiosos, estão percebendo e interpretando as nossas narrativas com critérios de sua própria cultura.

DIOCCA IMA OU "A HISTÓRIA DO CÉU"

Os Madija, ao contarem um mito ou uma história, fazem-no dentro de um processo de representar e repensar os "outros". A encenação aliada à linguagem oral desempenha um papel de extrema importância, pois, segundo Clifford Geertz,[5] "não sabemos o que pensamos enquanto não vemos o que pensamos". A dramaticidade, por sua vez, se relaciona com a linguagem oral, pois, de acordo com Paulo Freire, "as línguas orais são tão concretas que viram corporais".[6] Adélia Bezerra de Meneses[7] aborda a corporalidade da linguagem oral, de modo que pode perfeitamente ser aplicada ao caso Kulina:

Não podemos esquecer da carga corporal que a palavra falada carrega. Na narrativa oral, a palavra é corpo: modulada pela voz humana, portanto, carregada de marcas corporais, carregadas de valor significante. A palavra oral é isso: ligação de sema e soma, de signo e corpo. A palavra narrada guarda uma inequívoca dimensão sensorial.

Segue a narrativa do mito conforme meu diário de campo:

Numa noite de lua cheia no pátio da aldeia de Santo Amaro, Huarina, chefe, ou como se diz na sua língua, tamine, nos contou uma história ou ima em kulina. Começou sua narrativa sem nenhum preâmbulo e aparentemente sem uma razão plausível, falando o tempo todo em sua língua nativa. Aqui é importante dizer que através da língua se estabelece uma comunicação privilegiada com o mundo do "outro", com sua cosmovisão, suas tradições, seus sonhos, utopias e perspectivas de futuro.

---

[5] GEERTZ, Clifford. *A interpretação das culturas*. Trad. Fanny Wrobel. Rio de Janeiro: [s.n.], 1978. p. 90.

[6] FREIRE, Paulo. *Um diálogo com Paulo Freire sobre Educação Indígena*. 8ª Assembleia do CIMI – Regional Mato Grosso, Cuiabá, 16-20 de junho de 1982. p. 17. Mimeografado.

[7] MENESES, Adélia B. O poder da Palavra. *Folha de S. Paulo*, São Paulo, 29 jan. 1988, p. 17. Suplemento Folhetim.

Contou que, antigamente, maittaccadsama, um dsoppineje kulina, ouviu muito falar a respeito do céu pelos brancos. Ficou, então, curioso para conhecê-lo. Queria, no entanto, poder voltar caso não gostasse de lá. Convocou então as mulheres da aldeia para que tecessem uma grande bola com fio de algodão, para que pudesse achar o caminho de volta. As mulheres trabalharam muito, até que ele teve fio suficiente para sua viagem. O xamã, então, foi em busca do céu. Chegando lá viu apenas padres e, não se agradando, resolveu voltar para sua aldeia.

Tentei interpretar essa história a partir do pensamento e da visão de mundo dos Kulina. Em primeiro lugar, observei que a capacidade de ir e voltar para o mundo dos mortos é atributo do dsoppineje. No entanto, na história, assim como no ritual kulina, as mulheres têm participação ativa nessa "viagem",[8] tecendo o fio do algodão e, no ritual, tecendo o fio social. Através do canto coletivo, que agia como um fio social, as mulheres colaboravam no processo de cura dos doentes individualmente e reteciam a sociedade quando ela "adoecia" pela perda de um de seus membros. A fidelidade por um fio. Na tecelagem que praticam, o que está em jogo é a fidelidade à cultura.

Neste mito kulina, as mulheres tecem o poder do dsoppineje, eminentemente um poder masculino, e garantem a sua capacidade de escolha. Na luta pela fidelidade à cultura, elas satisfazem a curiosidade do dsoppineje de conhecer o céu dos brancos. Curiosidade entendida como uma necessidade imperiosa de conhecer, mas que, nesse caso, levou à decepção e ao retorno. O dsoppineje sofre o aguilhão de saber por experiência própria. Seria necessário fazer um estudo antropológico da curiosidade e do

---

[8] CLASTRES, Pierre. *Arqueologia da violência*; ensaios de Antropologia Política. Trad. Carlos Eugênio M. de Moura. São Paulo: Brasiliense, 1982. p. 78.

papel que desempenha em várias religiões e mitologias – a curiosidade e tudo o que ela representa como propulsora do espírito humano; porém, também, com tudo o que ela comporta de fragilidade. Deixar-se vencer pela curiosidade pode significar sucumbir à fraqueza. Por isso, a precaução do dsoppineje em apelar para a ajuda das mulheres. O fio feito por elas, nessa situação, representa a segurança de escolha. Significa deixar o caminho aberto, preservar os laços que o mantêm ligado com sua comunidade de vida, com seus semelhantes.[9]

Repensando a história, também pude analisar a concepção kulina do mundo dos mortos. Para eles, os mortos são "outros" hostis e com os quais não se mantém relações de reciprocidade. A sociedade dos mortos representa uma projeção da sociedade dos vivos, apesar de existir oposição e hostilidade entre ambas.

Sociedade ideal para os Kulina é a sua própria, com sua família extensa, matrilocal, com seus subgrupos totêmicos e assim por diante. A vida de um padre, como alguém solteiro, celibatário, não seria nunca um ideal de vida para eles. E isso os Kulina expressaram diversas vezes quando demonstravam a sua perplexidade pelo fato de padres conhecidos seus, da região, não casarem, não constituírem família, enfim não exercitarem a reciprocidade, que se dá nesta cultura basicamente pelas relações de parentesco.

O antropólogo francês Claude Lévi-Strauss[10] afirma que:

[...] o celibato surge mesmo como repugnante e condenável para a maior parte das sociedades. Não é exagero dizer-se que os solteiros não existem nas sociedades sem escrita, pela simples

---

[9] MENESES, op. cit., p. 3.
[10] LÉVI-STRAUSS, Claude. *O olhar distanciado*. Trad. Carmem de Carvalho. Lisboa: Edições 70, 1986. pp. 78-79.

razão que eles não poderiam sobreviver [...]. E a verdade é que numa sociedade em que reina a divisão do trabalho entre os sexos e em que só o estado conjugal permite ao homem gozar dos produtos do trabalho feminino [...] um solteiro é somente metade de um ser humano.

Muitas outras interpretações poderiam ser desenvolvidas a respeito da narrativa apresentada. Importante aqui é mostrar os povos indígenas como sujeitos que estão desenvolvendo uma reflexão intercultural própria. A partir de seu ponto de vista e de sua cosmovisão, estão avaliando, selecionando e escolhendo aqueles conhecimentos, dentre os que lhes são apresentados, que produzam sentido para o momento histórico e para a realidade atual na qual estão inseridos.

MULTIPLICIDADE CULTURAL E RELIGIOSA

As religiões são históricas, contextualizadas e parciais. A percepção disso ocorre no confronto com outros contextos culturais e com outras tradições religiosas. A teóloga e antropóloga Graciela Chamorro, em texto de 1998, ao ser interpelada sobre sua relação como cristã com os povos indígenas, diz: "Bem, minha aproximação dos indígenas parte de uma confissão de fé: Deus é maior que todas as expressões religiosas – inclusive das nossas piedades cristãs e das nossas teologias [...]". Ou seja, qualquer religião, como expressão humana, é inadequada e incapaz de exprimir totalmente Deus. A parcialidade manifesta em cada uma das tradições religiosas permite a compreensão e a aceitação da existência de uma multiplicidade de religiões. A tendência é de que, no entanto, cada pessoa ou cada tradição religiosa considere a sua religião como única ou como a melhor entre todas.

Pierre Clastres,[11] antropólogo francês, já dizia que todas as culturas são etnocêntricas, mas só a ocidental é etnocida, no sentido de querer destruir ou reduzir a outra a si mesma. Os povos indígenas, em geral, não são proselitistas e exclusivistas, como certas expressões cristãs, que se entendem como portadoras da verdadeira cultura e da verdadeira religião, e pretendem converter outros povos à fé cristã e impor sua cultura a outras culturas. Os povos indígenas, ao contrário, mesmo tendo a maior consideração pela sua cultura e religião próprias, são tolerantes e inclusivos, sem tentar impô-las aos outros.

Para ilustrar, cito uma passagem transcrita do livro de Curt Nimuendaju,[12] que caracteriza muito bem essa tolerância:

O pajé-chefe Joguyroquý, do povo indígena apapocúva-guarani, quando foi apresentado em São Paulo, ao presidente do Estado, em 1902, desenvolveu o seguinte arrazoado:

Então vem o padre (católico) visitar-me na aldeia; eu o recebo tão bem quanto posso, mando matar uma galinha para ele e, à noite, preparar sua cama. Na outra manhã ele conta o que sabe, isto e aquilo; quando ele termina, digo eu: "Sim, Senhor"; ele fica satisfeito e vai embora e diz: "Esse capitão sim, este é um bom capitão!". – Aí quando vem o ministro (protestante), também para ele mando matar uma galinha (quando tenho), e buscar mel no mato, porque não temos açúcar; ele me conta também a sua estória e eu ouço e respondo: "Sim, Senhor, Sr. Ministro". E então ele fica satisfeito e diz: "Este sim, este é um capitão de verdade!". E assim os vou tratando a todos.

---

[11] CLASTRES, op. cit. p. 56.
[12] NIMUENDAJU, Curt. *As lendas da criação e da destruição do mundo como fundamentos da religião dos Apapocúva-guarani*. São Paulo: Hucitec, 1987. pp. 28-29.

A fala guarani transcrita é um grande exemplo de tolerância e de diálogo intercultural. Esse diálogo apenas poderá ocorrer se existir uma atitude inclusivista e permeável de ambas as partes e como fruto de liberdade de escolha e de relações mais igualitárias. O que ocorre, geralmente, no contato entre religiões, é que há uma correlação desigual de forças, em que a religião desprovida de poder e de recursos enfraquece ou desaparece diante das outras. E a religião do mais forte impõe-se e dispensa a possibilidade de diálogo e a capacidade de influência da religião indígena.

SINCRETISMO E IDENTIDADE ÉTNICA

O conceito de sincretismo tem sido rejeitado em alguns meios por evocar uma ideia de mistura, de deformação, de desvio e de perda de identidade. Vimos, no entanto, que nenhuma religião é imune ao sincretismo. A maior parte dos estudos sobre sincretismo se voltou, na área da Antropologia e da Ciência das Religiões, para grupos marginalizados ou minoritários, o que levou a identificá-los com sujeitos religiosos mais interessados nesse processo. O que não é totalmente verdade, pois o próprio Cristianismo resultou da contribuição de outras religiões, principalmente do Judaísmo.

No processo de sincretismo ocorre não só uma reconstrução religiosa, mas uma reconstrução da identidade social e religiosa do indivíduo como integrante de determinado grupo social. A identidade, assim como a própria cultura, é historicamente reconstruída na relação; portanto, precisamos perceber tanto o sincretismo quanto a inculturação como processos em andamento, como afirma Mário de França Miranda. E não o sincretismo como algo temporário e incompleto, sendo a inculturação o seu produto final.

A cultura e a religião, nos discursos dos povos indígenas, estão sendo apontadas como elementos constitutivos da identidade étnica. Como forças propulsoras de resistência ativa ou ainda como fontes de poder e de coesão grupal. Essas identidades não são fixas ou estáticas, mas estão em contínua construção e reconstrução dentro de um processo histórico e social. Fredrick Barth[13] fornece um conceito bastante amplo de identidade cultural e que foi adotado na legislação indigenista brasileira. Para este antropólogo, o que define a pertença identitária de um indivíduo é "considerar-se a si mesmo e ser reconhecido como tal" por um determinado grupo étnico. Pode-se dizer que esta definição vale também para a pertença religiosa.

NA DIVERSIDADE, DAR A RAZÃO DE NOSSA ESPERANÇA

A multiplicidade de povos e culturas indígenas existentes no Brasil faz com que as características simbólicas e religiosas sejam bastante diversificadas. Por outro lado, o impacto de agentes externos, religiosos ou não, também foi diferenciado em termos de tempo e de intensidade. Podemos identificar: 1) povos com suas religiões originárias; 2) comunidades de Igrejas cristãs, católicas e protestantes, constituídas entre os indígenas; 3) movimentos messiânicos com características sincréticas; 4) e, em alguns casos, Igreja indígena. Existe uma multiplicidade de estudos a partir de realidades particulares, principalmente na Antropologia, mas não conheço um mapeamento geral do campo religioso nas comunidades indígenas no Brasil.[14]

---

[13] BARTH, Fredrick. Grupos étnicos e suas fronteiras. In: POUTIGNAT, Philippe; STREIFF-FENART, Jocelyne (orgs.). *Teorias da etnicidade*. Trad. Élcio Fernandes. São Paulo: Ed. Unesp, 1998.

[14] Cf. WRIGHT, Robin M. (org.). *Transformando os deuses*; os múltiplos sentidos da conversão entre os povos indígenas no Brasil. Campinas: Ed. Unicamp, 1999.

Para muitos povos indígenas, a religião se apresenta como uma sabedoria histórica e socialmente desenvolvida. Em nossa tarefa como educadores(as), nos defrontaremos com o conhecimento da cultura e da religião dos povos indígenas como diferentes saberes e como outras maneiras de ser e de estar no mundo. Esse conhecimento, diferente do que muitas pessoas imaginam, não deveria provocar crises de fé, mas levar a uma melhor compreensão da razão da nossa esperança como cristãos e cristãs.

Sugestão de atividades

1. Contatar uma comunidade indígena e conversar com pessoas anciãs para conhecer alguns aspectos importantes da sua tradição religiosa.
2. Fazer um levantamento com o grupo sobre a diversidade religiosa de sua localidade e identificar os traços que mais chamam a atenção.

REFERÊNCIAS BIBLIOGRÁFICAS

ALTMANN, Lori; ZWETSCH, Roberto. *Paíter*; o povo suruí e o compromisso missionário. Chapecó: Cadernos do Povo/PU, 1980.

_____. Leitura bíblica entre indígenas. In: KILP, Nelson; WESTHELLE, Vítor (orgs.). *Proclamar libertação*; auxílios homiléticos. São Leopoldo: EST/Editora Sinodal, 1989. v. XI.

_____. *Convivência e solidariedade*; uma experiência pastoral entre os Kulina. Cuiabá/São Leopoldo: GTME/COMIN, 1990.

_____. Madija: um povo entre a floresta e o rio; trilhas da produção simbólica kulina. Dissertação de mestrado. São Bernardo do Campo: IMES, 1994.

_____. Madija: um povo entre a floresta e o rio; trilhas da produção simbólica kulina. In: SIDEKUM, Antônio (org.). *O imaginário religioso indígena*. São Leopoldo: Unisinos, 1997. (Estudos Ibero-Americanos, 8).

BARTH, Fredrick. Grupos étnicos e suas fronteiras. In: POUTIGNAT, Philippe; STREIFF-FENART, Jocelyne (orgs.). *Teorias da etnicidade*. Trad. Élcio Fernandes. São Paulo: Ed. Unesp, 1998.

BRANDÃO, Carlos Rodrigues. Impor, persuadir, convidar, dialogar: a cultura do outro. In: VV.AA. *Inculturação e libertação*. São Paulo: Paulus, 1986.

BRASIL. *Parâmetros Curriculares Nacionais*; ensino religioso. 3. ed. São Paulo: Ave-Maria, 1998. Acessível na internet.

CASTRO, Eduardo Viveiros de. *O papel da religião no sistema social dos povos indígenas*. Cuiabá: GTME, 1999.

CHAMORRO, Graciela. Teologia da palavra ameríndia, exemplo Guarani. In: KOCH, Ingedore S. (org.). *Brasil outros 500*; protestantismo e a resistência indígena, negra e popular. São Leopoldo: Sinodal/Comin/IEPG, 1999.

CLASTRES, Pierre. *Arqueologia da violência*; ensaios de Antropologia Política. Trad. Carlos Eugênio M. de Moura. São Paulo: Brasiliense, 1982.

FREIRE, Paulo. *Um diálogo com Paulo Freire sobre Educação Indígena*. 8ª Assembleia do CIMI – Regional Mato Grosso, Cuiabá, 16-20 de junho de 1982. Mimeografado.

GEERTZ, Clifford. *A interpretação das culturas*. Trad. Fanny Wrobel. Rio de Janeiro: [s.n.], 1978.

ISA – Instituto Socioambiental. *Povos indígenas no Brasil. 1996-2000*. São Paulo: ISA, 2000. Disponível em: <http://www. socioambiental.org>.

LÉVI-STRAUSS, Claude. *As estruturas elementares de parentesco*. Trad. Mariano Ferreira. 2. ed. Petrópolis: Vozes, 1982.

_____. *O olhar distanciado*. Trad. Carmem de Carvalho. Lisboa: Edições 70, 1986.

LISBOA, Thomaz Aquino de. *Entre os índios Münkü*; a resistência de um povo. São Paulo: Loyola, 1979.

MALINOWSKI, Bronislaw K. *Argonautas do Pacífico Ocidental*; um relato do empreendimento e da aventura dos nativos nos arquipélagos da Nova Guiné Melanésia. Prefácio de Sir James G. Frazer. Trad. Anton P. Carr e Lígia Aparecida Cardieri Mendonça, revista por Eunice R. Durham. 3. ed. São Paulo: Abril Cultural, 1984.

MARZAL, Manuel; MELIÁ, Bartomeu. *O rosto índio de Deus*. São Paulo: Vozes, 1989. (Desafios da Religião do Povo, VII.)

MENESES, Adélia B. O poder da Palavra. *Folha de S. Paulo*, São Paulo, 29 jan. 1988. Suplemento Folhetim.

NIMUENDAJU, Curt. *As lendas da criação e da destruição do mundo como fundamentos da religião dos Apapocúva-guarani*. São Paulo: Hucitec, 1987.

SUESS, Paulo. *Travessia com esperança*; memórias, diagnósticos, horizontes. Petrópolis: Vozes, 2001.

WRIGHT, Robin M. (org.). *Transformando os deuses*; os múltiplos sentidos da conversão entre os povos indígenas no Brasil. Campinas: Ed. Unicamp, 1999.

ZWETSCH, Roberto E. O olhar indígena da Bíblia. In: REIMER, Ivoni Richter (org.). *Leitura da Bíblia em 500 anos de Brasil*. São Leopoldo: CEBI, 2000. (A palavra na vida, nn. 149/150).

Práxis educativa no Ensino Religioso: confluência entre teoria e prática

Laude Erandi Brandenburg*

O Ensino Religioso (ER), a partir do artigo 33, da Lei n. 9394/96 deixou de ser competência das confissões religiosas e foi entregue para a escola. Por isso, a sua atuação passa a ser primordialmente uma questão pedagógica. E, como tal, carece de reflexão tanto sobre sua prática quanto sobre sua dimensão epistemológica.

Os cursos na área de formação de professores, as licenciaturas em geral e, de um modo bem específico, a Pedagogia têm sido alvo de críticas de analistas educacionais em relação à existência excessiva de disciplinas teóricas e à pouca orientação prática adquirida nesses cursos. Essas manifestações estão expressas principalmente nas páginas de entrevistas de revistas comerciais e se reportam a uma situação real: professores e professoras iniciantes chegam às salas de aula, no mínimo, com dúvidas a respeito dos procedimentos "de rotina" a serem aplicados em sua atividade profissional. Problema que a maioria dos profissionais de áreas consideradas técnicas não encontram.

Essa defasagem entre os chamados teorismos educacionais e a prática apontam para uma dicotomia entre epistemologia e didática. Embora não exista prática sem uma teoria que a oriente, muitas vezes o ativismo requerido

---

* Professor da Faculdades EST, São Leopoldo-RS.

pelo cotidiano docente impede uma tomada de consciência das causas e consequências dessa prática. Ou o domínio teórico de conceitos e concepções não é traduzido ou é transferido para a atuação docente. E aí surge uma separação entre teoria e prática ou a dicotomia entre o campo epistemológico e o campo didático. E o resultado transparece na falta de aprendizagem ou de gosto de crianças e jovens pela escola.

Na área do ER, a dúvida do que fazer na prática origina-se numa séria nebulosidade epistemológica.

Por ser área extremamente polêmica, em que as defesas e os ataques à sua existência e ao seu reconhecimento ocupam o palco central, o ER está carente em seus encaminhamentos práticos. Não raro, profissionais dessa área queixam-se do desconhecimento a respeito da forma de conduzi-lo pedagogicamente. Também professores e professoras experientes encontram dúvidas quando passam a atuar nessa área. Tal problemática se acentua quando a carga horária do ER é atribuída sem a manifestação favorável das pessoas envolvidas.

Já está mais do que na hora de puxar a prática para o cenário principal, pois, independentemente da luta entre acusadores e defensores, e apesar da falta de professores preparados, o ER está presente na organização curricular da maior parcela de escolas públicas Brasil afora.

UMA ÁREA DE CONHECIMENTO PERTINENTE AO UNIVERSO ESCOLAR

Poucos autores da área da educação incluem com naturalidade e de forma específica a dimensão religiosa do ser humano em sua abordagem. Isso redunda em pouca ocupação com o assunto mesmo na abordagem teórica, tão criticada na formação docente.

As ideias de Edgar Morin, em suas produções individuais ou como relator da Unesco, têm-se mostrado significativas para a pesquisa na área do ER. Suas contribuições estão centralizadas no conceito de multidimensionalidade do ser humano e da sociedade. Entre essas dimensões, encontra-se a religiosa.[1] Ao mesmo tempo que Morin ressalta as partes, as diferentes dimensões para mostrar que elas existem, também destaca que há "uma inter-retroação" entre elas para que se gere o "conhecimento pertinente". O conhecimento religioso tornase, a partir desse argumento, um conhecimento pertinente porque faz parte da multidimensionalidade do ser humano e da sociedade. Essa pertinência ao conhecimento escolar está amparada no reconhecimento do ER como uma das dez áreas de conhecimento arroladas pelo Ministério da Educação e em políticas públicas, em níveis estaduais e municipais, que regulam a sua presença no currículo escolar.

No entanto, ainda falta ao ER um estatuto de reconhecimento e legitimidade nos meios acadêmicos, principalmente na área teórica da Epistemologia, apesar de já haver uma pesquisa considerável produzida ao longo dos dez anos de existência da área de conhecimento "Ensino Religioso" (Parecer CEB 04/98 e Resolução 02/98).

ALGUMAS POSSIBILIDADES PRÁTICAS DOS CONCEITOS FUNDANTES

As práticas do ER estão inseridas na problemática maior da educação nacional, da compreensão de currículo e da didática como uma área importante na compreensão da vida das escolas. E também estão incluídas, ou pelo menos deveriam estar, na proposta pedagógica e no projeto

---

[1] MORIN, Edgar. *Os sete saberes necessários à educação do futuro*. São Paulo/ Brasília: Cortez/Unesco, 2000.

de escola. Conforme a LDBEN, em seu artigo 12, a escola precisa refletir sobre a sua intencionalidade educativa. "O projeto pedagógico aponta um rumo, uma direção, um sentido explícito para um compromisso estabelecido coletivamente".[2] O compromisso coletivo está expresso na participação de todos os segmentos da comunidade escolar e na representação igualitária das diferentes áreas de conhecimento, inclusive do ER, na elaboração dos rumos pedagógicos da instituição.

Um aspecto prático da identidade do ER está na sua presença no projeto escolar e na busca de sua formação em cursos específicos, em instituições que atendam à legislação. Fazer a gestão do conhecimento religioso na escola requer, portanto, formação docente pertinente à área específica.

As possibilidades práticas passam pelo currículo escolar que organiza as concepções epistemológicas e as transforma em prática cotidiana no espaço de sala de aula. As concepções epistemológicas com nascedouro na hermenêutica da legislação expressa no artigo 33 da LD-BEN são geradoras de conteúdo de aprendizagem e, por isso, de currículo escolar.

Os planos curriculares tratam do que se ensina – a epistemologia – e a metodologia trata de como se aprende em ER, mas as duas dimensões compõem, juntas, o currículo escolar.

Como fazer uma aula de ER com seriedade epistemológica e, ao mesmo tempo, prática em sua essência? Como podemos fugir do estigma de que "o pessoal do ER só sabe fazer 'dinamicazinhas'"?

---

[2] VEIGA, Ilma Passos Alencastro; RESENDE, Lúcia Maria Gonçalves de (orgs.). *Escola*: espaço do projeto político-pedagógico. 8. ed. Campinas: Papirus, 2005. pp. 12-13.

O campo epistemológico do Ensino Religioso – não tão teórico nem apenas prático, como parece

A concepção epistemológica fundante do ER brota do *caput* do artigo de lei que assegura "o respeito à diversidade cultural religiosa do Brasil, vedadas quaisquer formas de proselitismo".[3] Essa ideia de respeito à diversidade cultural e religiosa já está disseminada e assumida como lastro originário da epistemologia do ER. Mas requer um detalhamento prático para que se torne plausível e aplicável na Educação Básica. Conhecimento e ação formam uma unidade conceitual. São, portanto, indissociáveis. Esse deveria ser um referencial para todas as áreas de conhecimento trabalhadas na escola, mas é essencial para a própria sobrevivência epistemológica do ER, já que, em sua fragilidade, é carecedor da vivência desse referencial. Não basta estudar as diferentes religiões, é preciso conhecê-las para respeitá-las. Torna-se, assim, necessário conhecer a realidade religiosa em suas diversas facetas para, em seguida, exercitar o respeito à diferença.

CONHECENDO A REALIDADE DE PESSOAS E GRUPOS – A DIVERSIDADE RELIGIOSA

O primeiro procedimento didático é conhecer as turmas em que se atua. Pelo pequeno número de aulas designadas ao ER na organização curricular, conhecer a composição e as características de cada grupo é essencial para a obtenção de resultados práticos.

As características específicas da cultura de cada grupo podem ser detectadas através de uma observação criteriosa e de espaços de manifestação de gostos e interesses pessoais e

---

[3] BRASIL. *Lei de Diretrizes e Bases da Educação Nacional*. Nova redação do art. 33.

grupais. Para o ER, um dos critérios pode ser um mapeamento das diferentes confissões presentes na sala de aula. Mas o conhecer não se compõe apenas de coleta de dados. Possibilitar vivências é um recurso essencial a tal ensino. É partir, então, para a prática da conversa em roda. Compor uma roda de conversa é uma conquista que não se alcança no primeiro encontro dessa natureza. É preciso insistir nessa prática pedagógica. Há de fato muitas teorias sobre o diálogo, mas pouco exercício em sala de aula. A relação pedagógica ainda é muito verticalizada. Contudo, não se deve desistir se não se atinge a atenção de todas as pessoas da roda. Talvez seja necessário começar com uma dinâmica de trabalho em que cada componente tenha uma tarefa a cumprir e o momento de expor sua contribuição.

Na roda torna-se importante ouvir sobre o que a outra pessoa crê ou pensa, fazendo "a experiência de afetuosa aceitação".[4] É extremamente encorajador ter a própria identidade respeitada afetuosamente na roda do diálogo, pois na sala de aula encontram-se as diferenças no mesmo espaço onde os laços de amizade acontecem e a afetividade é experimentada. Como diz Maduro:

[...] as nossas experiências nos levam a ver a realidade de uma maneira diferente daqueles que viveram outras experiências. Essas experiências farão com que a comunicação seja não apenas possível, mas, muitas vezes, necessária. E do diálogo pode surgir, a seu tempo, o consenso ou inclusive algo mais difícil: o respeito aberto e formas diferentes de pensar e viver junto com a humilde consciência das próprias limitações.[5]

---

[4] MADURO, OTTO. *Mapas para a festa*; reflexões latino-americanas sobre a crise e o conhecimento. Petrópolis: Vozes, 1994. p. 33.

[5] Ibid., p. 55.

Num contexto educacional que procura homogeneizar a prática em sala de aula com o objetivo de garantir a democratização do saber, falar em respeitar a diferença parece estar na contramão da história. No entanto, a questão da diversidade e da diferença apresenta-se como um desafio importante para o campo da prática do ER. Considerar, acolher e viver a diversidade religiosa a partir da ideia da diferença parece, então, legítimo ao ER como um componente curricular. Esse conhecer-se mutuamente na roda de conversa torna prático o epistemológico. Assim, a diversidade e a diferença deixam de ser palavras distantes, apenas teóricas, e tanto a professora, o professor, quanto os estudantes vivenciam e constroem o conceito. O conhecimento da diversidade então estará, depois disso, presente em imagens vivas na representação mental de docente e discentes.

EXERCITAR O RESPEITO

O conhecimento da diversidade chama a si outro foco epistemológico importante à consolidação prática do ER: convivência respeitosa e alteridade. A área relacional firmou-se como uma categoria epistemológica importante a ser consolidada nos planos de estudos (currículo) das escolas. Tal prática, baseada em temas que abordam os relacionamentos entre as pessoas, valores éticos e morais na vivência em sociedade, apresenta-se alocada ao eixo *éthos*. O ER aparece como espaço onde alunos e alunas podem dizer o que pensam, o que sentem, onde podem se relacionar. Destaca-se o fato de o ER estar assumindo um espaço de diálogo entre as pessoas que compõem o universo da sala de aula.[6]

---

[6] BRANDENBURG, Laude Erandi. Concepções epistemológicas no Ensino Religioso: desafios para a práxis. *Estudos Teológicos*. São Leopoldo-RS: EST, ano 46, n. 2, p. 48, 2006.

Esses indicativos não parecem diferenciar o ER das demais áreas de conhecimento em seus propósitos metodológicos ou em sua intencionalidade pedagógica. Mas o *métier* dessa área de conhecimento está tanto nas vivências quanto em seu conteúdo conceitual. Assim, as tradições e culturas religiosas, os textos sagrados, as diferentes teologias, os ritos diferenciados, compõem, junto com a dimensão relacional, o quadro referencial para o trabalho no ER.

Docentes deste ensino e direções de escolas sentem-se, no entanto, pouco preparados para a implementação das temáticas apontadas e preferem a opção pelo enfoque de valores como conceito epistemológico predominante.[7] Esse fato talvez denuncie a falta de qualificação para abordar as religiões, bem como a carência de estrutura escolar para assumir essa tarefa.

Fica evidente que, em muitas escolas, ainda não está suficientemente claro como trabalhar, por exemplo, com o conhecimento sobre as diferentes religiões, inclusive suas possibilidades e limitações, pois é exatamente nisso que reside a diversidade religiosa. É com o conhecimento do jeito próprio de experimentar a relação com o transcendente, dentro de determinada cultura, que vão se delimitando as divergências e os pontos em comum das religiões. E aprender o respeito aos limites de cada expressão religiosa é um desafio do encaminhamento do ER.

Não se aprende sobre o respeito à diversidade cultural e religiosa apenas cognitivamente, estudando um texto, olhando um filme ou pesquisando o fenômeno religioso, mas vivenciando essa realidade, pelo menos como tentativa e exercício. Vivenciar a realidade não significa apenas assistir ao "desfile" das habilidades de diversas confissões religiosas, mas, também

---

[7] Id. Concepções epistemológicas no Ensino Religioso. In: BRANDENBURG, Laude Erandi et al. *Ensino Religioso na escola*; bases, experiências e desafios. São Leopoldo: Oikos, 2005. p. 31.

e principalmente, exercitar o convívio com o diferente que já existe na sala de aula.

Conviver, dialogar e participar tornam-se, assim, verbos a serem conjugados no encaminhamento didático da aula de ER.

A participação estudantil na concretização da aula de ER torna-se evidente quando o conteúdo dessa aula é, além de meio para a vivência, também cheio de significado para as pessoas envolvidas.

Surge então a necessidade de se providenciar uma reorganização da situação de sala de aula, transformando-a em cenário de uma aprendizagem significativa. Trabalhar a partir do corpo discente é salutar e essencial, principalmente quando é levada em conta uma aprendizagem significativa – objetivo maior de qualquer fase do processo de escolarização ou mesmo da vida.

A afirmação de que a situação de ensino, para proporcionar aprendizagem, deve estar focada na pessoa aprendiz e não apenas no conteúdo, se ressignifica. Pensar no conteúdo do ER quer dizer perceber que a maior fonte do conhecimento está a nossa frente, na sala de aula: a pessoa aprendiz!

A centralidade na pessoa e suas relações é didaticamente coerente com o ER, pois os princípios epistemológicos de respeito à diversidade, de articulação entre identidade e diferença, de convivência respeitosa e alteridade e de desenvolvimento da tolerância e resolução de conflitos se concretizam nessa centralidade.

ENSINO RELIGIOSO E POSSIBILIDADES INTERDISCIPLINARES

O ER configura-se como área essencialmente interdisciplinar. A interdisciplinaridade constitui, aliás, um dos temas teóricos mais frequentes no campo educacional, mas de pouca expressão prática. O currículo escolar é fragmentado e fragmentador. Cada área de conhecimento é um território específico e isolado dos demais.

O ER possui em sua essência as possibilidades de conversar, interagir e planejar com outras áreas escolares de conhecimento e, assim, contribuir na sua integração. Ao contrário do que às vezes parece, ER não abrange tudo, não abrange tudo de todas as coisas e nem se define como qualquer coisa. Não se pode confundir interdisciplinaridade com falta de identidade. Embora ainda sofra da nebulosidade epistemológica já mencionada, tal área possui seu objeto de estudo específico. Não é apenas estudo de valores, mas tem um eixo denominado *éthos*; não é apenas estudo das religiões, mas possibilita o conhecimento de diferentes culturas e tradições religiosas; não se limita ao enfoque da cidadania, mas é parte integrante da formação básica do cidadão. O estudo do fenômeno religioso perpassa os diferentes eixos de abordagem arrolados pelo Fórum Nacional Permanente do Ensino Religioso – Fonaper: Culturas e Tradições Religiosas, Textos Sagrados, Ritos, Teologias e *Éthos*.

Dependendo da forma escolhida para trabalhar os assuntos, o ER pode dialogar com todas as outras áreas da escola. Com a Língua Portuguesa, na leitura e elaboração de diversos textos, como crônicas, poesias, poemas referentes ao fenômeno religioso, manifestações religiosas específicas, fatos religiosos do momento; com a Matemática, na área da educação financeira e da ética; com História e Geografia, na abordagem de culturas e tradições religiosas, do modo como o ser humano tem feito e vivido religião em diferentes tempos e espaços; com Filosofia e Sociologia, fazendo análise do papel e do fluxo da religião na sociedade; na área da Arte, analisando e relendo obras de conotação religiosa, situando-as na cultura religiosa da época, cantando e avaliando músicas de domínio público e que falam do sentido da vida ou da falta dele; com as Ciências, abordando a interessante relação entre Ciência e

Religião, bem como o início e a manutenção da vida, e as teorias do pós-vida nas diferentes religiões. Principalmente neste último caso, não se trata de impetrar uma disputa entre concepções científicas e religiosas, porém, de pesquisar e analisar os diferentes pensamentos sobre o assunto.

O trabalho por projetos é uma interessante metodologia de estudo e de aprendizagem que pode dar vazão ao conceito de interdisciplinaridade, desde que bem planejada. Não raro acontece de se denominar "projeto" qualquer massa disforme de ideias que não serão realizadas ou abordagens temáticas específicas que interrompem a sequência normal do conteúdo. Projetos são trabalhos focados e pontuais, com um objetivo específico e comum a mais áreas de conhecimento ou mesmo a uma área restrita. É uma sistemática de trabalho que requer planejamento e, no caso de ser interdisciplinar, planejamento conjunto de diferentes profissionais. É um encaminhamento que sobrecarrega quem o escolhe, mas que compensa pelos resultados de envolvimento e aprendizagem.

Obviamente, o trabalho pedagógico não pode sobreviver apenas de projetos, principalmente de projetos interdisciplinares, todavia, é um recurso pedagógico de impacto pontual e duradouro.

O trabalho por projetos é uma proposta muito pertinente ao ER, pois pode organizar, encaminhar e responder perguntas que crianças e jovens têm sobre a dimensão religiosa, sobre a função que a religião desempenha na sociedade ou sobre as inúmeras formas de manifestação e vivência da dimensão religiosa na sociedade.

Evidentemente é necessário ter cuidados para que o ER não seja apenas um tema transversal. Lembremos que ER não é tudo nem é qualquer coisa; contudo, dialoga, porque possui especificidades que estão reunidas no estudo do fenômeno religioso. Suas formas de abordagem constituem metodologia de ação e, como tal, também conteúdo.

O trabalho do ER em sala de aula possui muitas possibilidades, requer planejamento, pesquisa constante e formação continuada, mas é compensador pelos resultados possíveis e surpreendentes que advêm desse esforço.

REFERÊNCIAS BIBLIOGRÁFICAS

BRANDENBURG, Laude Erandi. Concepções epistemológicas no Ensino Religioso: desafios para a práxis. *Estudos Teológicos*. São Leopoldo-RS: EST, ano 46, n. 2, pp. 45-59, 2006.

_____. Concepções epistemológicas no Ensino Religioso. In: BRANDENBURG, Laude Erandi et al. *Ensino Religioso na escola*; bases, experiências e desafios. São Leopoldo: Oikos, 2005.

BRASIL. *Lei de Diretrizes e Bases da Educação Nacional*, art. 33.

_____. Ministério da Educação. *Parecer CP 97/99*.

_____. Ministério da Educação. *Parecer CEB 04/98*.

_____. Ministério da Educação. *Resolução 02/98*.

FONAPER. *Parâmetros Curriculares Nacionais*. 2. ed. São Paulo: Ave Maria, 1997.

MADURO, Otto. *Mapas para a festa*; reflexões latino-americanas sobre a crise e o conhecimento. Petrópolis: Vozes, 1994.

MORIN, Edgar. *Os sete saberes necessários à educação do futuro*. São Paulo/Brasília: Cortez/Unesco, 2000.

PIMENTA, Selma Garrido (org.). *Didática de formação de professores*; percursos e perspectivas no Brasil e em Portugal. São Paulo: Cortez, 1997.

VEIGA, Ilma Passos Alencastro; RESENDE, Lúcia Maria Gonçalves de (orgs.). *Escola*: espaço do projeto político-pedagógico. 8. ed. Campinas: Papirus, 2005.

História e cultura afro-brasileira e africana: um olhar para os Parâmetros Curriculares Nacionais

Daniela Hack*

Hoje vamos estudar um pouco da história do "berço" de toda civilização. O povo desse continente é o mais antigo e sábio que existe, pai e mãe de todos os outros. Milênios atrás, alguns grupos foram se afastando das terras de origem. Influenciados pela mudança de clima, de vegetação, pela possibilidade de alimentação diferente, os grupos migrantes foram aos poucos tendo sua forma de vida transformada, adquirindo outras características, até chegar ao ponto de se diferenciar significativamente dos seus e dos ancestrais. Com o tempo, os grupos nativos e migrantes foram crescendo e se distanciando cada vez mais no tocante às suas crenças, seus deuses, sua cultura, sua estrutura familiar e comunitária, suas formas de dominação. Tudo estava bem até que os grupos migrantes, após aperfeiçoar as técnicas aprendidas com o povo ancestral, começaram a se considerar mais "evoluídos". Sendo assim, era um direito seu dominar o ancestral, tornando este seu escravo e usurpando seu lugar na história. Munidos de armamentos bélicos, os povos

---

* Graduanda em Teologia, com ênfase em educação cristã, pela Faculdades EST, e em História, pela Faculdades Integradas de Taquara (FACCAT). A temática deste trabalho, com enfoque específico para o ensino da História, foi apresentada no Seminário Estadual de Professores de História, realizado de 23 a 25 de outubro de 2008, na Faculdades Integradas de Taquara, em Taquara-RS.

migrantes invadiram o continente gênese, rendendo seus habitantes, que não possuíam as mesmas ferramentas, e dividindo a terra como se fosse uma torta rica em seu recheio. Quem tinha mais poder ganhava um pedaço maior.

Além disso, o povo invasor, pela força, submeteu o nativo a seus interesses e poderio, escravizando aqueles e aquelas que não matou, destruindo famílias, comunidades, tradições milenares, países inteiros, a terra que lhe gerou. Além do território e das pessoas, os colonizadores se apropriaram das riquezas, das ferramentas, das técnicas, das ciências criadas e pertencentes ao povo colonizado, colocando-as como suas. Comercializou aqueles dos quais se originou como mercadorias, que, caso não funcionassem bem, poderiam ser descartadas.

No entanto, o povo ancestral, mesmo não possuindo a força bélica dos invasores, tinha conhecimento. Sua ampla sabedoria também foi usada por seus colonizadores. Entretanto, como o conhecimento não é algo que possa ser escravizado ou morto, foi utilizado e ampliado em meio ao sofrimento vivido, fazendo com que, por mais vigiados e presos que estivessem, os africanos e africanas conseguissem pensar junto e buscar formas de sobrevivência.

No Brasil, em especial, eles desenvolveram estratégias de sobrevivência e luta que iam desde o "sim" ao batismo cristão até a formação de quilombos e revoltas, sem falar nos protestos individuais, como suicídio, aborto e envenenamento de senhores. Desenvolveram também o samba, o maracatu, o afoxé, a capoeira, que também era usada como estratégia de luta e defesa, chegando a ser proibida pelo poder dominante. E assim, lutando e trabalhando, os africanos e afrodescendentes deram essencial importância para o desenvolvimento das áreas onde foram "colocados", principalmente o Brasil, que ainda insiste em não reconhecer o seu legado.

Ao contar essa pequena história para duas turmas do segundo ano do Ensino Médio, a reação foi a mesma: confusão e surpresa. De certa forma, tal resposta já era esperada, considerando que por mínimos dez anos de experiência escolar, esses alunos e alunas tiveram outra visão da história. No entanto, ao se prosseguir com a discussão, ouvindo as inúmeras dúvidas e dando as devidas explicações, a pequena história começou a fazer sentido para aqueles alunos e alunas que até o momento tinham como certo o desenvolvimento humano unicamente a partir dos feitos greco-romanos. Obviamente, os questionamentos não foram totalmente respondidos. Ao contrário, iam aumentando à medida que a consciência crítica sobre os textos didáticos e as realidades passadas e atuais era despertada. Contudo, a partir dessa abordagem, o estudo dos demais conteúdos foi feito com outro olhar, percebendo-se relações que não haviam sido vistas antes.

Independentemente da abordagem que se queira fazer, todas trazem implicações e necessidades a serem atendidas. Mesmo assim, o sistema educacional precisa considerar a pluralidade existente no Brasil, tornando-a presente na formação de crianças e jovens. Pois a escola, enquanto espaço plural e diverso, necessita construir pressupostos teóricos que reconheçam e dialoguem com a diversidade cultural presente na sociedade, enriquecendo, assim, o cotidiano escolar e formando cidadãos e cidadãs atuantes e cientes do seu papel social; indivíduos que têm por princípio o respeito às diferenças e compreendem que a humanidade é diversa.[1]

Juntamente com a pluralidade étnico-racial, cultural, religiosa e outras existentes na sociedade brasileira, está a diversidade de leituras feitas dessa pluralidade. Toda forma de

---

[1] PEREIRA, Isabelle S. Currículo e construção teórico-metodológica; uma ação para a desconstrução do racismo na escola. In: LIMA, Maria Nazaré M. de (org.). *Escola plural: a diversidade está na sala*; formação de professores em História e Cultura Afro-Brasileira e Africana. São Paulo/Brasília/Salvador: Cortez/Unicef/Ceafro, 2005. p. 37.

estudo e ensino requer escolhas, que são políticas, na medida em que se opta por falar a partir dos grupos excluídos ou a partir do grupo dominante; etnocentristas, quando se parte de uma etnia específica; e metodológicas, quando se decide por uma dentre tantas formas de se abordar determinado assunto. Paralelamente à oportunidade de optar, é necessário que se esteja consciente do caminho escolhido, de suas consequências, limitações e oportunidades. Além disso, talvez o mais difícil de fazer, é deixar claro para os alunos e alunas que a opção escolhida é uma dentre tantas, justificando o porquê da sua escolha. É isso que tentaremos fazer agora.

Queremos olhar para a escola, mais precisamente para o currículo escolar, instrumento que norteia a prática e a realidade pedagógica. Num primeiro momento, nos preocuparemos em construir as lentes através das quais o olhar para o currículo será feito. Para isso se verificará o que a *legislação diz a respeito da história e cultura afro-brasileira e africana*. Feito isso, partimos para *a análise dos* documentos que orientam a prática do ensino brasileiro, mais precisamente para *os Parâmetros Curriculares Nacionais*. Ao final, veremos a sua relação com a realidade escolar no que se refere à temática abordada, buscando diagnosticar aspectos positivos e também desafios a serem alcançados.

LEGISLAÇÃO SOBRE A HISTÓRIA E CULTURA AFRO-BRASILEIRA E AFRICANA

Desde a Constituição de 1988, o governo federal investe na criação de uma sociedade menos racista e preconceituosa, através de leis que proíbem a discriminação étnico-racial e tentam assegurar o direito à cidadania a todas as pessoas.

Tardiamente ou não, o certo é que nos últimos anos o reconhecimento da pluralidade étnica, cultural e religiosa existente no Brasil vem ganhando força. Isso é possível graças aos esforços de inúmeros movimentos sociais e a própria realidade brasileira e mundial, que, ao se tornar "globalizada" e visar à democracia, não suporta mais a existência de *centrismos*, seja étnico, de classe, religioso ou cultural.

Dentre as conquistas legais obtidas na última década com relação ao povo africano e afrodescendente está a Lei n. 10.639, homologada em 9 de janeiro de 2003.[2] A Lei altera a Lei de Diretrizes e Bases da Educação Nacional (Lei n. 9.394/96), que passa a vigorar acrescida dos artigos 26A, 79A e 79B. Uma primeira determinação dessa lei é a obrigatoriedade do ensino da história e cultura afro-brasileira e africana nos estabelecimentos de Ensino da Educação Básica e cursos de formação de professores, tanto em âmbito público quanto privado.

Segundo a legislação, a referência ao tema não pode se restringir apenas à época da escravatura, como vem acontecendo, mas ao estudo da história do continente africano feito de forma positiva, passando pela luta dos povos negros no Brasil e a sua influência na formação da identidade regional e nacional, resgatando-se a importante contribuição dos negros, negras e afrodescendentes na história e no desenvolvimento do Brasil.

Outra determinação da Lei n. 10.639/03 é que os conteúdos referentes à história e cultura afro-brasileira e africana devem estar presentes em *toda* a estrutura curricular escolar, e de forma especial em História, Educação Artística ou Artes e Literatura. Por último, como forma de reconhecimento da atuação negra diante da discriminação e exclusão, institui o dia 20 de novembro como "Dia Nacional da Consciência Negra".

Pouco tempo depois, em 21 de março de 2003, foram criadas pelo governo federal a Secretaria Especial de Políticas

---

[2] BRASIL. *Lei n. 10.639*, de 9 de janeiro de 2003. Disponível em: <http://www.planalto. gov.br/Ccivil_03/LEIS/2003/L10.639.htm>. Acesso em: 24 nov. 2008.

de Promoção da Igualdade Racial (SEPPIR) e a Política de Promoção da Igualdade Racial, colocando-se a questão étnico-racial na agenda de discussão governamental. Outra ação afirmativa no que se refere à igualdade étnica e reconhecimento da raiz africana é a elaboração das *Diretrizes Nacionais para a Educação das Relações Étnico-Raciais e para o Ensino de História e Cultura Afro-Brasileira e Africana*, aprovada em março de 2004 pelo Conselho Nacional de Educação.[3] Esse documento apresenta conceitos e posicionamentos sobre a questão étnico-racial brasileira, reconhecendo sua importância e diversidade. Também dá orientações quanto aos conteúdos a serem tratados no estudo da história e cultura afro-brasileira e africana e à metodologia usada no desenvolvimento das temáticas. Segue a esse parecer a Resolução n. 1 do Conselho Nacional de Educação (CNE), de junho de 2004, que homologa e institui essas diretrizes, válidas para todo o território nacional.[4]

Reconhecendo-se semelhanças no que se refere à discriminação e opressão entre os povos africanos e indígenas, em março de 2008 foi homologada a Lei n. 11.645. Essa determinação amplia a Lei n. 10.639/03, tornando obrigatória também a presença da história e cultura indígena no currículo escolar,[5] na mesma dimensão da lei anterior.

Podemos perceber que os encaminhamentos dados quanto ao reconhecimento da tradição africana e afrodescendente

---

[3] BRASIL. Ministério da Educação. Secretaria de Educação Continuada, Alfabetização e Diversidade. *Diretrizes Curriculares Nacionais para a Educação das Relações Étnico-Raciais e para o Ensino de História e Cultura Afro-Brasileira e Africana.* Brasília: MEC/SECAD, 2005.

[4] BRASIL. Conselho Nacional de Educação. Conselho Pleno. Resolução n. 1, de 17 de junho de 2004. Diário Oficial da União, Brasília, 22 de junho de 2004, Seção 1, p. 11. In: BRASIL. Ministério da Educação. Secretaria de Educação Continuada, Alfabetização e Diversidade. *Diretrizes Curriculares Nacionais para a Educação das Relações Étnico-Raciais...*, cit., pp. 31-33.

[5] BRASIL. *Lei n. 11.645*, de 10 de março de 2008. Disponível em: <http://www.planalto.gov.br/Ccivil_03/_Ato2007-2010/2008/Lei/L11645.htm>. Acesso em: 22 nov. 2008.

são bastante recentes, ainda mais se considerarmos que a presença africana em solo brasileiro soma aproximadamente quinhentos anos. No entanto, essas conquistas já fazem parte do panorama da educação nacional e precisam ser cumpridas. Mas como?

Maria Nazaré Mota de Lima,[6] a partir de sua experiência na rede pública de ensino de Salvador-BA, entende que um primeiro desafio a ser enfrentado é justamente como

[...] abordar o fato de que a discriminação, o preconceito e o racismo são naturalizados no espaço escolar e [que] a professora [ou professor] às vezes ignora, geralmente convive, até reproduz e protagoniza situações em que o ser negro ou negra é motivo de zombaria, inferiorização, desumanização [...].[7]

Além disso, Lima considera que os próprios "conhecimentos veiculados nas salas de aula relacionam-se quase sempre a valores civilizatórios eurocêntricos, e não há referência aos modos de produção de conhecimento africanos ou indígenas".[8] A Resolução do CNE/CP n. 1/2004 prevê que os cursos de formação inicial e continuada de professores e professoras tenham presente em seus componentes curriculares a educação das relações étnico-raciais e a história e cultura afro-brasileira e africana.[9] Considerando a novidade da Lei, perceber-se-á com facilidade que ainda levará um bom tempo até que todos os cursos de formação de professores e professoras tenham incluso a referida temática.

---

[6] LIMA, Maria Nazaré M. de (org.). Escola plural..., cit.

[7] Id. Por que e como formar professores(as) em História e Cultura Afro-Brasileira e Africana. In: *Escola plural*, cit., p. 25.

[8] Ibid., p. 25.

[9] BRASIL. Ministério da Educação. Secretaria de Educação Continuada, Alfabetização e Diversidade. *Diretrizes Curriculares Nacionais para a Educação das Relações Étnico-Raciais...*, cit., p. 31.

Sem mudança significativa está a situação da Educação Básica, que conta com profissionais ainda despreparados para o ensino da diversidade étnica, cultural e religiosa existente no Brasil. Resta-nos olhar para o que atualmente é um dos principais documentos orientadores na elaboração dos currículos dos componentes curriculares, ou seja, os Parâmetros Curriculares Nacionais (PCNs).

O QUE APRESENTAM OS PARÂMETROS CURRICULARES NACIONAIS

Como orientação legal de nível federal, os Parâmetros Curriculares Nacionais (PCNs) dão norte para o ensino dos componentes curriculares no Ensino Fundamental e no Ensino Médio em todo o país. Juntamente com outros documentos legais, os PCNs regulam e organizam o currículo escolar a partir das necessidades e características de cada faixa etária e considerando a pluralidade de contextos existente no Brasil e a prática pedagógica de cada professor e professora.

Os PCNs são "a Base Nacional Comum" de que fala o artigo 26 da Lei de Diretrizes e Bases da Educação Nacional para o Ensino Fundamental e Médio. Ela se destina "à formação geral do educando e deve assegurar que as finalidades propostas em lei, bem como o perfil de saída do educando, sejam alcançadas de forma a caracterizar que a Educação Básica seja uma efetiva conquista de cada brasileiro".[10] Conforme a legislação vigente, o ensino sistemático da história e cultura afro-brasileira e africana é obrigatório para os componentes Literatura, Artes ou Educação Artística e História. No entanto,

---

[10] BRASIL. Ministério da Educação. Secretaria de Educação Média e Tecnológica. *Parâmetros Curriculares Nacionais: Ensino Médio*; bases legais. Brasília: MEC, 1999. v. 1, p. 36.

a temática deve estar presente em todas as áreas de conhecimento, mesmo que indiretamente.[11]

O olhar para os PCNs deve considerar que esse documento foi publicado antes da promulgação da Lei n. 10.639, de janeiro de 2003, e resoluções posteriores. Contudo, eles ainda constituem a base para a elaboração do currículo escolar, tornando-se importante averiguar de que maneira abordam a temática. Ao mesmo tempo, possuem como um dos temas transversais a *pluralidade cultural*, elemento que ressalta a importância de sua análise.

Em linhas gerais, os PCNs estão divididos em três partes. Os dois primeiros ciclos ou primeira a quarta série do Ensino Fundamental constituem o primeiro bloco de orientação. Os conteúdos de quinta a oitava série ou terceiro e quarto ciclos são assuntos da segunda parte. Ambas estão estruturadas em dez volumes, em que as áreas de conhecimento são discutidas individualmente. O primeiro volume faz uma introdução geral aos PCNs e os três últimos tratam dos temas considerados transversais, a saber, ética, saúde, meio ambiente, orientação sexual, pluralidade cultural, trabalho e consumo.

Na apresentação dos temas transversais, são elencados alguns critérios para a sua escolha, justificando os temas escolhidos. Entre eles está a urgência social do tema, sua abrangência nacional, as possibilidades de ensino e aprendizagem, seu favorecimento para a compreensão da realidade e a participação social.[12]

Os Parâmetros Curriculares Nacionais para o Ensino Médio, lançados em 2000, estruturam suas orientações em quatro

---

[11] BRASIL. *Lei n. 9.394*, de 20 de dezembro de 1996. Art. 26A, § 2º, a partir da Lei n. 11.645/2008. Disponível em: <http://www.planalto.gov.br/ccivil_03/Leis/L9394.htm>. Acesso em: 24 nov. 2008.

[12] BRASIL. Ministério da Educação. Secretaria de Educação Fundamental. *Parâmetros Curriculares Nacionais*; apresentação dos temas transversais e ética. Brasília: MEC/SEF, 1997. pp. 30-31.

volumes, sendo o primeiro referente às bases legais do documento e que regem a educação no Ensino Médio. As áreas de conhecimento são apresentadas em três blocos: Linguagens, Códigos e suas Tecnologias; Ciências da Natureza, Matemática e suas Tecnologias; Ciências Humanas e suas Tecnologias. Esse documento possui aprofundamentos nos PCNs e nas Orientações Curriculares Nacionais para o Ensino Médio, lançadas em 2006 pela Secretaria de Educação Básica. O tratamento de temas transversais não está tão explícito como nas orientações para o Ensino Fundamental, mas podem ser trabalhados a partir dos eixos interdisciplinaridade e contextualização. Ao mesmo tempo, nas Orientações Curriculares Nacionais para o Ensino Médio, o tema da pluralidade cultural e a história e cultura africana e afro-brasileira podem ser vistas explicitamente no volume referente às Ciências Humanas e suas Tecnologias.

Olhando especificamente para os temas transversais, os PCNs entendem que a transversalidade

[...] pressupõe um tratamento integrado das áreas e um compromisso das relações interpessoais e sociais escolares com as questões que estão envolvidas nos temas, a fim de que haja uma coerência entre os valores experimentados na vivência que a escola propicia aos alunos e o contato intelectual com tais valores.[13]

Consequentemente, os temas transversais constituem eixos que unem as áreas de conhecimento, aproximando-as e estabelecendo pontos de diálogo e desafios.

Como dito, a pluralidade cultural é apresentada nos PCNs como um tema transversal, ou seja, uma temática que deve perpassar o estudo em todos os componentes curriculares.

---

[13] BRASIL. Ministério da Educação. Secretaria de Educação Fundamental. *Parâmetros Curriculares Nacionais*; introdução aos parâmetros curriculares nacionais. Brasília: MEC/SEF, 1997. p. 64.

Como pluralidade cultural, os PCNs entendem que ela diz respeito "ao conhecimento e à valorização das características étnicas e culturais dos diferentes grupos sociais que convivem no território nacional", buscando "compreender suas relações, marcadas por desigualdades socioeconômicas, e apontar transformações necessárias".[14]

A análise dos PCNs mostra a presença da pluralidade cultural e étnico-racial em suas propostas e orientações, bem como o reconhecimento da tradição africana como constituinte da nação brasileira. Alguns componentes abordam de forma mais clara e contínua a temática do que outros, especialmente os ligados às ciências humanas, mas isso de certa forma já é esperado, na medida em que a história vive ainda consequências de uma era "científica", na qual o empírico e o racional por si bastam, não sendo necessário entendê-los a partir de seu tempo e contexto.

Exemplos dessa situação são os objetivos propostos para o Ensino Fundamental, que, segundo os PCNs, tem como meta que os alunos sejam capazes de, entre outras coisas,

[...] conhecer e valorizar a pluralidade do patrimônio sociocultural brasileiro, bem como os aspectos socioculturais de outros povos e nações, posicionando-se contra qualquer discriminação baseada em diferenças culturais, de classe social, de crenças, de sexo, de etnia ou outras características individuais e sociais.[15]

Outra proposição afirmativa no sentido de valorizar a pluralidade cultural e, por conseguinte, a história e cultura africana e afro-brasileira pode ser encontrada na apresentação dos temas transversais. Ao se apresentar a *pluralidade*

---

[14] BRASIL. Ministério da Educação. Secretaria de Educação Fundamental. *Parâmetros Curriculares Nacionais*; pluralidade cultural e orientação sexual. Brasília: MEC/SEF, 1997. p. 19.

[15] BRASIL. Ministério da Educação. Secretaria de Educação Fundamental. *Parâmetros Curriculares Nacionais*; introdução aos parâmetros curriculares nacionais, cit., p. 7.

cultural é afirmado que a sociedade brasileira é formada por diferentes etnias e imigrantes de diferentes países. Com efeito, "as regiões brasileiras têm características culturais bastante diversas e a convivência entre grupos diferenciados nos planos social e cultural muitas vezes é marcada pelo preconceito e pela discriminação".[16] Tais constatações levam a concluir que

[...] o grande desafio da escola é investir na superação da discriminação e dar a conhecer a riqueza representada pela diversidade etnocultural que compõe o patrimônio sociocultural brasileiro, valorizando a trajetória particular dos grupos que compõem a sociedade. Nesse sentido, a escola deve ser local de diálogo, de aprender a conviver, vivenciando a própria cultura e respeitando as diferentes formas de expressão cultural.[17]

Nos PCNs para o Ensino Médio, a temática da pluralidade cultural pode ser vista especialmente no volume referente às Ciências Humanas. Como objetivo dessa área, deve-se "desenvolver competências e habilidades para que o aluno entenda a sociedade em que vive como uma construção humana, que se reconstrói constantemente ao longo das gerações, num processo contínuo e dotado de historicidade".[18]

O ensino da História, por exemplo, deve considerar as temáticas tratadas a partir de seu contexto social e político, incluindo as referentes à história e cultura afro-brasileira, como a escravidão; tal ação tem como pressuposto a discriminação.[19]

---

[16] BRASIL. Ministério da Educação. Secretaria de Educação Fundamental. *Parâmetros Curriculares Nacionais*; apresentação dos temas transversais e ética, cit., p. 32.

[17] Ibid., p. 32.

[18] BRASIL. Ministério da Educação. Secretaria de Educação Média e Tecnológica. *Parâmetros Curriculares Nacionais: Ensino Médio*; bases legais, cit., v. 1, p. 43.

[19] BRASIL. Ministério da Educação. Secretaria de Educação Média e Tecnológica. *Parâmetros Curriculares Nacionais: Ensino Médio*; Ciências Humanas e suas tecnologias. Brasília: MEC, 1999. v. 4, p. 32.

Nas Orientações Curriculares Nacionais para o Ensino Médio, o assunto é explicitamente posto e incentivado, reconhecendo-se a pouca importância dada até o momento no currículo escolar e nos livros didáticos.[20] Dentre os conteúdos propostos, encontra-se o item *cultura*, a partir do qual se afirma que

> [...] é necessário acentuar que a trama da História não é o resultado apenas da ação de figuras de destaque, consagradas pelos interesses explicativos de grupos, mas consequência das construções conscientes ou inconscientes, paulatinas e imperceptíveis, de todos os agentes sociais, individuais ou coletivos. [...] Nesse contexto, é fundamental que sejam introduzidas as conquistas historiográficas conseguidas nas últimas décadas sobre a memória dos povos e das nações que estiveram presentes em todos os momentos da História do Brasil, aí incluídos índios, africanos e imigrantes.[21]

O estudo dos PCNs indica que o documento, mesmo sendo determinação anterior à legislação específica sobre a história e cultura afro-brasileira, admite a importância da temática e a falta de seu reconhecimento ao longo da história brasileira, desafiando a escola a se constituir um espaço onde tal situação deve ser mudada. Mesmo que por vezes, indiretamente, os Parâmetros apontem para a necessidade do ensino da história e da cultura africana e afro-brasileira, ao lado da história e da contribuição indígena na formação e no desenvolvimento da sociedade brasileira. Percebe-se que não se trata apenas de tentativas para "recuperar o tempo perdido" em relação ao reconhecimento a essas tradições, mas de realmente buscar a

---

[20] BRASIL. Ministério da Educação. Secretaria de Educação Básica. *Ciências Humanas e suas tecnologias*. Brasília: MEC/SEB, 2006. p. 89.

[21] Ibid., pp. 75-78.

igualdade étnica e o respeito a todas as pessoas e culturas, obtidas através do conhecimento e do diálogo.

Os PNCs também fazem ver que, paradoxalmente, o tratamento da tradição africana como um tema transversal traz possibilidades e limitações. Possibilidades porque não resume a trajetória e influências africanas a um conteúdo ou conteúdos específicos, que depois de serem "estudados" caem no esquecimento. Por outro lado, estar presente em todos os eixos e componentes curriculares pode muito facilmente resultar em não estar em assunto algum, tornando-se amplo demais e difícil de ser percebido concretamente na prática pedagógica.

A (NÃO)RELAÇÃO DOS PCNs COM A REALIDADE ESCOLAR

A partir dos referenciais e análise trazidos até aqui, é possível obter uma melhor compreensão da "surpresa" tida pelas turmas do Ensino Médio ao ouvirem a pequena "'história' da história" com a qual iniciamos este artigo. A situação instiga a perguntar até que ponto a realidade da escola está em conexão com os PCNs, uma de suas bases fundamentais, e, por conseguinte, com as determinações legais referentes à História e cultura afro-brasileira e africana.

Para isso, precisamos observar primeiramente dois aspectos. Em primeiro lugar, como já explicitado, os PCNs foram escritos antes da promulgação das leis referentes à temática em questão. Nem por isso perde a sua importância e influência na práxis pedagógica, refletindo também uma posição, inclusive política, ante a tradição africana e afrodescendente. Ao mesmo tempo, os PCNs já fazem certa menção a essa tradição, podendo ser vistos como um prenúncio do que mais tarde veio a ocorrer. Consequentemente, as ações visadas por esse documento mais as determinações legais referentes ao assunto exigem que nos livros didáticos e no próprio cotidiano escolar seja possível identificar um trabalho mais intensivo sobre a história e cultura afro-brasileira e africana.

Infelizmente, a "surpresa" dos alunos e alunas na aula de História indica outra situação, bem diferente da que poderíamos esperar. Para não nos atermos apenas nesse exemplo, com o risco de parecer exceção, um olhar para alguns livros didáticos de História e Literatura usados em escolas de Ensino Fundamental e Médio mostra que a referência explícita ao tema é mínima, restringindo-se à época da escravidão, com temas como "Lei do Ventre Livre" e "Lei Áurea", "Zumbi dos Palmares", "Quilombos, uma forma de fugir dos cafezais", e, nos mais recentes, o "Dia da Consciência Negra". Encontram-se também assuntos ligados às revoluções populares, como balaiada e cabanagem, enfatizando-se mais a atuação do governo diante desses movimentos do que o contexto e os objetivos deles. O estudo sobre literatos importantes como Machado de Assis, Teodoro Sampaio e Cruz e Souza não faz menção a sua cor negra. Também cantores reconhecidos na Música Popular Brasileira, como Lupicínio Rodrigues, e de nossa música erudita, como Antônio Francisco Braga, não são apresentados como contribuintes negros, diferentemente do que acontece com alemães, italianos e norte-americanos, por exemplo.

Pesquisa feita na área de Ensino Religioso em sistemas municipais de ensino do Rio Grande do Sul apontou que as tradições religiosas de matriz africana ainda não estão presentes nas aulas dessa disciplina, mesmo que estejam claros o dever e a necessidade de respeito à diversidade cultural religiosa existente.[22] Ao que parece, essa situação não se restringe ao âmbito do Ensino Religioso, mas revela-se de modo mais amplo no espaço escolar.

---

[22] O projeto, sob título "Ensino Religioso: um olhar para as concepções e práticas em sistemas municipais de ensino", foi realizado de agosto de 2006 a agosto de 2008, sob a coordenação da dra. Laude Erandi Brandenburg, pelas Faculdades EST. A autora deste texto foi bolsista do projeto.

Os meios usados na reprodução do preconceito racial podem ser vários: a relação dos conteúdos com os valores eurocêntricos; a pouca referência aos assuntos relacionados à história e cultura africana e afrodescendente; a linguagem discriminatória que muitas vezes passa despercebida àquelas e àqueles que não são atingidos por ela; todas as associações semânticas negativas existentes em relação ao preto, ao escuro, ao negro, com, por exemplo, "A coisa tá preta!"; a imagem que os livros e a própria fala docente trazem sobre os africanos: um homem amarrado, a calça abaixada, apanhando num tronco, totalmente dominado; o uso do termo "folclore" para designar as contribuições africanas e indígenas, e "cultura" para as outras etnias; e a denominação "tribos" para as nações africanas, e "povos" para as de origem europeia.

Todos esses elementos, e muitos outros, mostram que a história dos africanos e afrodescendentes não é suficiente para que se mude a realidade vigente e para que se cumpra a legislação. Várias contribuições desses povos não são ligadas a eles, por mais que elas se tornem conhecidas na escola. Paralelamente, vê-se que na escola ainda há muito preconceito e discriminação racial, e que alguns de seus espaços, inclusive, parecem reproduzir e legitimar tais concepções.

Carência de formação específica, pouco tempo de vigência das novas determinações sobre o assunto, a inexistência do tema no Projeto Político Pedagógico da escola, a falta de tempo... Vários podem ser os motivos para se tentar justificar por que a escola ainda reproduz e dissemina a discriminação e o preconceito racial. No entanto, como visto aqui, as orientações legais que regem a educação brasileira não podem ser usadas para esse fim. Ao contrário, deixam claro que a realidade escolar parece estar demasiadamente distante do que para ela é proposto.

CONSIDERAÇÕES FINAIS

Como se constata nas *Diretrizes Curriculares Nacionais para a Educação das Relações Étnico-Raciais e para o Ensino de História e Cultura Afro-Brasileira e Africana,*

[...] é preciso ter clareza que o art. 26A acrescido à Lei n. 9.394/1996 provoca bem mais do que inclusão de novos conteúdos; exige que se repensem relações étnico-raciais, sociais, pedagógicas, procedimentos de ensino, condições oferecidas para aprendizagem, objetivos tácitos e explícitos da educação oferecida pelas escolas.[23]

Para que se desenvolva uma consciência crítica da realidade plural brasileira, é necessário que desde os primeiros anos do Ensino Fundamental sejam desenvolvidos os elementos que constituem a história e a identidade do Brasil. Dentre eles estão as raízes africana e indígena. Para isso, é preciso voltar aos primórdios da história do Brasil, é preciso começar pelo continente africano, passar pela colonização europeia, pelo tráfico da população negra para escravidão, a fim de informar a todos os lugares que nossa cultura se formou também a partir da presença negra, através da influência e do legado africano, que são parte constituinte da formação da identidade nacional brasileira.

"Mas então tudo que aprendemos até aqui estava errado?", perguntaram os confusos e curiosos estudantes. Obviamente que não. Apenas é *uma* leitura dentre as inúmeras possíveis da história. Da mesma forma, não devemos nos recriminar eternamente se incentivamos de alguma forma a discriminação étnica. Aprendemos assim. Mas nem por isso, nem por

---

[23] BRASIL. Ministério da Educação. Secretaria de Educação Continuada, Alfabetização e Diversidade. *Diretrizes Curriculares Nacionais para a Educação das Relações Étnico-Raciais...,* cit., p. 17.

quaisquer outros motivos que possamos ter, pode se justificar que continuemos a agir assim.

Precisamos continuadamente nos dar conta das formas de discriminação existentes e que cada vez são mais sutis, a começar em nós mesmos: O que penso sobre as pessoas negras? Que opiniões costumo ter sobre seu modo de pensar, de se vestir, de se comportar? Como avalio a sua participação na história do Brasil? De onde vêm as ideias que possuo a esse respeito? Como ajo diante de situações de discriminação e preconceito vividas por meus alunos e alunas e nos ambientes onde vivo? Finjo não ter visto? Aconselho que os ofendidos não liguem para a ofensa e nada faço em relação aos ofensores? Ou a estes digo que isso não se faz, sem dizer o que se faz?[24]

O trabalho com a diversidade cultural e o consequente respeito a todas as culturas e etnias não acontece imediatamente, mas a cada instante que revemos nossos pensamentos e ações discriminatórias e preconceituosas. Como educadores e educadoras, temos a oportunidade e o compromisso de ajudar outras pessoas a fazerem isso, mostrando a elas outras leituras da história e do presente e vivenciando tais princípios de igualdade, respeito e diálogo.

REFERÊNCIAS BIBLIOGRÁFICAS

BRASIL. *Lei n. 10.639*, de 9 de janeiro de 2003. Disponível em: <http://www.planalto.gov.br/Ccivil_03/LEIS/2003/L10.639.htm>. Acesso em: 24 nov. 2008.

_____. *Lei n. 9.394*, de 20 de dezembro de 1996. Art. 26A, §2º, a partir da Lei n. 11.645/2008. Disponível em: <http://www.planalto.gov.br/ccivil_03/Leis/L9394.htm>. Acesso em: 24 nov. 2008.

---

[24] SOUZA JUNIOR, Vilson Caetano de (org.). *Nossas raízes africanas*. São Paulo: Centro Atabaque de Cultura Negra e Teologia, 2004. p. 6.

_____. *Lei n. 11.645*, de 10 de março de 2008. Disponível em: <http://www.planalto.gov.br/Ccivil_03/_Ato2007-2010/2008/Lei/L11645.htm>. Acesso em: 22 nov. 2008.

_____. Ministério da Educação. Secretaria de Educação Básica. *Ciências humanas e suas tecnologias*. Brasília: MEC/SEB, 2006. (Orientações Curriculares Nacionais para o Ensino Médio, 3).

_____. Ministério da Educação. Secretaria de Educação Fundamental. *Parâmetros Curriculares Nacionais*; introdução aos parâmetros curriculares nacionais. Brasília: MEC/SEF, 1997a.

_____. Ministério da Educação. Secretaria de Educação Fundamental. *Parâmetros Curriculares Nacionais*; apresentação dos temas transversais e ética. Brasília: MEC/SEF, 1997b.

_____. Ministério da Educação. Secretaria de Educação Fundamental. *Parâmetros Curriculares Nacionais*; pluralidade cultural e orientação sexual. Brasília: MEC/SEF, 1997c.

_____. Ministério da Educação. Secretaria de Educação Média e Tecnológica. *Parâmetros Curriculares Nacionais: Ensino Médio*; bases legais. Brasília: MEC, 1999a, v. 1.

_____. Ministério da Educação. Secretaria de Educação Média e Tecnológica. *Parâmetros Curriculares Nacionais: Ensino Médio*; Ciências Humanas e suas tecnologias. Brasília: MEC, 1999b, v. 4.

_____. Ministério da Educação. Secretaria de Educação Continuada, Alfabetização e Diversidade. *Diretrizes Curriculares Nacionais para a Educação das Relações Étnico-Raciais e para o Ensino de História e Cultura Afro-Brasileira e Africana*. Brasília: MEC/SECAD, 2005.

LIMA, Maria Nazaré M. de (org.). *Escola plural: a diversidade está na sala*; formação de professores em história e cultura afrobrasileira e africana. São Paulo/Brasília: Cortez/Unicef/Ceafro, 2005. (Série fazer valer os direitos, 3).

SOUZA JUNIOR, Vilson Caetano de (org.). *Nossas raízes africanas*. São Paulo: Centro Atabaque de Cultura Negra e Teologia, 2004.

A invisibilidade da cultura negra nos currículos escolares

Adiles da Silva Lima *

A invisibilidade da cultura negra nos currículos escolares tem proporcionado uma lacuna na formação da identidade brasileira, desequilibrado as relações étnico-raciais na escola e, consequentemente, na sociedade como um todo. A visão de mundo indígena/africana, por séculos, foi colocada no livro didático apenas para ser lida, não para ser revista e explorada, comparada com outras culturas. No caso da população africana, que teve o seu continente invadido, retalhado e repartido entre os europeus, a sua história permanece mal contada. A simples contemplação, sem uma crítica mais profunda dos fatos que envolveram as agressões da época da escravidão, vai adiando a harmonia das diferenças e ratificando a ideia de uma pretensa passividade dos negros, e de que o dia 13 de maio, mesmo sem uma política pública para eles, já está de bom tamanho. Desse modo, fica naturalizado, no imaginário das pessoas, que a mobilidade social da população negra em nosso país só não acontece porque o próprio negro não se ajuda.

---

* Licenciada em Letras pela Universidade Federal de Santa Maria-RS; especialista em Estudos Afro-brasileiros pelo Complexo de Ensino Superior de Cachoeirinha-RS; membro da Coordenação do Fórum Permanente de Educação e Diversidade Étnico-Racial-RS; participante dos Diálogos Regionais pela aplicação da Lei n. 10.639/03-Brasília; atuante na ONG Movimento Paulo Freire dos Trabalhadores em Educação.

Como professora interessada na superação dessa chaga social, entendo que a demora na desconstrução dessas inverdades tem sua vertente na política organizativa que hoje ainda ronda o Sistema Educacional do Brasil, que, ao transplantar as tendências pedagógicas construídas pela Europa do século XIX, contextualizada entre duas guerras mundiais, portanto, com objetivos bem particulares vividos naquela realidade, daquele momento, nos desvinculou da cultura local, produzindo, no imaginário dos brasileiros, a lógica da invisibilidade – ou do exotismo – das culturas dos povos indígenas, primeiros donos da terra dos paus-brasis, e as culturas dos povos africanos, mão de obra importante na construção do país.

Esse problema, associado ao fato de que a universidade não tem demonstrado interesse em aproximar-se da escola para se retroalimentar, reformular seus conceitos e rever seus currículos, já, de início, oferece elementos fortes para concluirmos que o *apartheid* provocado na educação brasileira vem causando danos de difícil reparação no que se refere à inclusão dessas culturas nas práticas escolares.

Hoje, com as comunicações acontecendo em tempo real, com os novos olhares sobre a Pedagogia Inclusiva, com o apelo dos Movimentos Sociais e das estatísticas denunciando a exclusão escolar e sinalizando que algo anda errado na escola, já é tempo para que, de forma generalizada, desenvolvamos a atitude política de não mais negar aos "diferentes" o universal direito humano de terem visibilizada, como se faz com as outras culturas, a valorosa contribuição à memória da cultura brasileira. Mesmo assim, são poucos os educadores que trabalham com afinco, com uma educação antirracista que venha a melhorar o foco da nossa crítica sobre, por exemplo, as formas estereotipadas das representações de pessoas negras nos programas de TV. Essas representações têm causado inevitáveis e substanciais estragos às relações humanas da infância e adolescência.

Diante desse contexto, nós, educadores, como transformadores sociais que somos e sabedores de que o processo educativo acontece a partir do encantamento, da paixão, da vontade de ensinar e aprender, temos que, seguindo este entendimento, começar a questionar o currículo escolar, como também exigir que nos sejam dadas plenas condições para desenvolvermos o que a Lei n. 10.639/03, bem como o Parecer n. 3, de 10 de março de 2004, do Conselho Nacional de Educação (CNE) e do Conselho Pleno (CP), estabelecem sobre as *Diretrizes Curriculares Nacionais para a Educação das Relações Étnico-Raciais e para o Ensino de História e Cultura Afro-Brasileira e Africana*.

Refiro-me à criação de Grupos de Trabalho (GT) totalmente respaldados pelas mantenedoras de ensino, para estudos, pesquisa, discussão da cultura negra, organização de cursos e seminários. A finalidade é subsidiar os professores para o cumprimento do que prevê o artigo 26A da Lei de Diretrizes e Bases do Ensino Brasileiro, como também organizar as comemorações do dia 20 de novembro, data de Zumbi dos Palmares e, em sua homenagem, Dia da Consciência Negra, em conformidade com o artigo 79B da mesma Lei, num trabalho de rede e em rede, isto é, um trabalho interdisciplinar com outras instâncias da organização política e social do município, onde esses GT estiverem inseridos.

Ora, se a existência da ideia da supremacia dos brancos em relação aos negros perdura até nossos dias e está cada vez mais furiosa, saltando pelas antenas das TVs, pelas linhas da internet, tomado proporções fantásticas, penso que eliminá-la, certamente, exige algumas mudanças de formatação da escola que temos. Afinal, é na escola que iniciamos o convívio com a diversidade de concepções de mundo que os diferentes grupos humanos fazem a partir de seus contextos de vida. Não dá mais para ficar nas discussões pontuais, na política do "Eu acho" ou "Eu não acho". Essa discussão precisa ser feita e registrada, passando por dentro de toda a documentação da escola, de todos os fazeres pedagógicos para que, num futuro bem próximo, todos os beijinhos, abraços e elogios sejam distribuídos aos alunos indiscriminadamente. A mudança de atitude que estou propondo significa iniciar lá no começo, isto é, dizer aos alunos que o negro nunca foi passivo, que sempre houve reação, sim. A resistência se fez desde o começo das invasões europeias ao continente africano. Sobre essa questão, Hernandes[1] nos afirma que os africanos tinham história, valores identitários e conhecimento científico:

[...] por cerca de 150 mil anos a.c., enquanto a civilização europeia data de apenas 40 mil a.c., a arqueologia vem apresentando ao mundo objetos-testemunhas, indicadores da civilização mais antiga do mundo, pelos quais é possível identificar que, de norte a sul, as invasões e a ocupação por parte dos europeus atravancaram o desenvolvimento tecnológico e científico do continente africano.
[...]
A Metalurgia do Benin; a pecuária do sul da África; a mineração dos planaltos do Zimbábue; a culinária como fonte de alimento do corpo e do espírito; a tecelagem em palha e ráfia, trabalhados com a naveta e o tear que tecem numa lógica ensinada pelos ancestrais dos tecelões; o trabalho em cerâmica e sua simbologia na religiosidade: "Tu vieste do pó e ao pó voltarás"; a arquitetura rica em estilos e técnicas, vinda também do Zimbábue; a música, ligada às danças, aos mitos, ao cotidiano, é responsável pela interação dos seres humanos com o mundo visível (aiê, em nagô) e o invisível (orum), e se insere nas festas acompanhadas por um grande número de instrumentos musicais, trazidos pelos bantos,

---

[1] Bacharel em Direito e licenciada em Ciências Sociais pela PUC-SP; doutora em Ciência Política. Ver dessa autora: *A África na sala de aula*; visita à história contemporânea. São Paulo: Selo Negro, 2005. p. 109.

a inserção de palavras africanas na língua portuguesa falada no Brasil; a agricultura, com técnicas de irrigação, rotação de plantios, adubagem com esterco e restos de cozinha, plantação de várias culturas numa mesma gleba de terra, trouxeram também conhecimento de estratégias militares; daí a organização da resistência nos Quilombos nos anos de 1600.

Diante disso, já podemos juntos desconstruir lendas como a de que o negro é indolente, incapaz e, portanto, não consegue mudar a sua condição de inferioridade no que se refere à mobilidade social, demonstrada pelas estatísticas. Essa é uma visão eurocentrista que faz parte de uma série de conceitos que foram construídos entre os séculos XVI e XIX, por conta de uma suposta superioridade do branco sobre o negro que ainda hoje amarram esse nó que é o preconceito racial. Sobre essas construções, Edson Borges, no livro *Racismo, preconceito e intolerância*,[2] dá a seguinte informação:

> Em outras palavras, trata-se de conceitos construídos de acordo com a lógica de oposição binária. Base da história europeia e do conhecimento dos europeus sobre outros povos e culturas, essa lógica é uma espécie de rede ou prisão que precisa ser interrogada e superada, pois é fundamental construir conceitos e conhecimentos que não estejam comprometidos com o etnocentrismo, o colonialismo e o racismo.

Quanto a essa repressão cultural há ainda, no mesmo livro, no capítulo "A História Antiga e as diferenças culturais" (p. 12), minuciosas e, ao mesmo tempo, curiosas explicações de como, na Antiguidade, eram estabelecidas as relações entre os *iguais* e os *deferentes,* demonstrando que "[...] o ser humano vem recorrendo a preconceitos e ao etnocentrismo para descrever e

---

[2] São Paulo: Atual, 2002.

classificar culturas diferentes da sua, desde tempos imemoriais".

Assim, fica bem demonstrado que essas vertentes já nasciam contaminadas e, ao se espalharem pelo mundo, continuam hoje a infestar consciências, indiscriminadamente, de adultos, jovens e crianças. Veja bem: nem as crianças estão livres do preconceito, já que carregam consigo, inconscientemente, o que é veiculado pelos adultos, no convívio com a própria família ou num contexto mais amplo das suas vivências.

Fazer essas reflexões e renovar atitudes é o começo de uma nova história que pretenda fazer algo de positivo para um grupo bem maior do que aquele ao qual pertencemos. Acredito que os Conselhos de Educação, os Conselhos Escolares e os Sindicatos de Professores da rede pública ou particular também devem se comprometer com a elaboração da nova história que esperamos esteja para acontecer nas nossas escolas e que, certamente, terão eco nas relações sociais.

O encontro com nossas verdadeiras raízes e a compreensão de quem realmente somos não apenas nos darão estas respostas, como, também, implicarão grandes mudanças nos paradigmas da educação. Entendo que essa renovação de olhares sobre o multiculturalismo existente em nosso país será um investimento seguro, pois 50% da população brasileira é constituída de negros, segundo pesquisa do DIEESE/2008; além do mais, essa valorização, certamente, servirá como um divisor de águas para todos os brasileiros. Não estou aqui usando uma metáfora, mas me associando aos que entendem que temos uma cultura verde e amarela que não é valorizada aqui, e que, portanto, não temos a dimensão do seu valor lá fora. Importamos cultura, perdemos identidade e enfraquecemos as cores da verdadeira herança cultural que precisamos deixar para nossos filhos e netos.

A escravidão, a morte nas charqueadas, ou como bucha de canhão em Porongos, as representações culturais, a abolição retardada, a democracia que nunca veio para os negros, a letra do nosso Hino Riograndense, são embaraços da história. Há que se jogar fora as coisas velhas que estão superadas e renovar nosso olhar para a história que está sendo recontada por historiadores, antropólogos e cientistas sociais de várias partes do mundo e de norte a sul do nosso país.

Abordar, na sala de aula, todas as culturas que construíram e constroem a nossa história é uma experiência que resulta em valorização de todos os brasileiros, mas que, para alunos negros, representa reconhecimento, respeito, estima elevada e o orgulho de ser negro. Isso traz o sorriso ao seu rosto, traz felicidade.

No prefácio do livro *Racismo e anti-racismo na educação*, sua organizadora, Eliane Cavalleiro,[3] afirma que: "O Brasil adiou ao máximo o dever de libertar os africanos e seus descendentes escravizados. Carregamos a desprezível marca de ser a última nação a abolir a escravidão. Lutamos ainda hoje para que tenhamos uma democracia substantiva".[4] Esta, para mim, dentre as tantas aqui colocadas, é a melhor justificativa que há para a elaboração de um projeto de educação, cuja meta seja a de focarmos o nosso olhar para o dia a dia da escola como um todo, aprendendo a interpretá-la nos aplausos, mas também nas queixas; nas falas e também nos silêncios. Não consigo ver a escola de outra forma que não seja pela inclusão de toda a sua diversidade presente e pela extensão do que é vivido pelos alunos dentro e fora dela, junto das famílias, na vizinhança, no bairro, nas festividades, nos cultos religiosos e tudo o mais.

Então, ver alunos, silenciosamente, sentadinhos um atrás do outro, além de contrariar teorias de pedagogos

---

[3] Pesquisadora do Núcleo de Estudos e Pesquisas Interdisciplinares sobre o Negro Brasileiro da Universidade São Paulo (NEINB/USP); doutoranda em Educação (FE-USP).

[4] CAVALLEIRO, Eliane (org.). *Racismo e anti-racismo na educação*; repensando nossa escola. 3. ed. São Paulo: Selo Negro, 2001.

como Vygotsky, com seu "Desenvolvimento Proximal", e Paulo Freire, com sua "Pedagogia Libertadora", sinaliza para mim que a superação das perversas formas de preconceitos, explícitas ou subliminares, presentes na escola, fica sendo adiada. No caso da cultura africana, por exemplo, a sua riqueza está justamente na circularidade que acontece na música, na transmissão das experiências, na dança, na religião, que perpassa pela união, pelo cooperativismo, dentre outros valores civilizatórios.

Vejo que a escola está presa às determinações técnicas de seus mantenedores e refém do passado, pois, no que se refere ao voo para a liberdade das expressões artísticas, da ludicidade, da criatividade, enfim, para a prática de sua autonomia e, como consequência, do aluno, não aproveita as contribuições culturais da sua comunidade que as próprias transformações sociais estão a exigir. Há um silêncio que não sei como qualificar, tamanha a complexidade dos problemas que a escola enfrenta nesse sentido; falo, principalmente, das escolas públicas, que é de onde faço essas avaliações.

O uso da tinta, da cola, da tesoura, do lápis de cor; o reaproveitamento do papel, do plástico, do fio de lã, de fitas; o farto uso da argila, da massinha; a (re)construção de brinquedos com reaproveitamento de latinhas, embalagens, materiais recolhidos na própria natureza, como folhas secas, pedras, palhas, sementes, pedaços de madeira, lixas, restinhos de materiais daqui e dali, tudo muito bem organizado, registrado, catalogado e bem guardado na escola; tudo isso já se pode dizer que faz parte da riqueza pedagógica que virá.

No caso das culturas africana e afro-brasileira em relação aos currículos escolares, além de outros subsídios, há que renovar-se o acervo com muita literatura infanto-juvenil. Hoje temos uma imensa galeria de autores escrevendo, editando e divulgando suas obras de norte a sul do nosso país – Rogério de Andrade Barbosa, através da Editora Paulinas, no que se refere a valores civilizatórios africanos, produz uma rica fonte.

Sugiro que todo o material que foi, ou será, utilizado nos projetos de cultura afro, bem como os que já estão prontos para serem expostos nos corredores da escola, sejam guardados em um lugar que se poderá chamar "Cantinho das africanidades"; e que os trabalhos já apresentados fiquem expostos nesse "Cantinho", à espera do dia 20 de novembro. Por duas vezes "toda aquela sujeira foi colocada no lixo", ou seja, o material reciclado que iríamos utilizar nos trabalhos foi visto, dessa forma, por quem ainda não se sensibilizou com tal trabalho. Sendo assim, no "Cantinho das africanidades", fica demarcado um espaço da escola como sendo da cultura afro.

Outro ponto que considero importante para elucidar o argumento de que as culturas africana e afro-brasileira estão inviabilizadas nos currículos escolares, é a forma das abordagens sobre as religiões do mundo.

O desconhecimento das lendas africanas, que nos dão subsídios para entendermos a sua cosmovisão, no que se refere à passagem do tempo, à ancestralidade e ao valor da presença dos mais velhos, à corporeidade, ao cooperativismo, à organização social, aos princípios de vida; enfim, o desconhecimento de seus valores sagrados e o mal-entendido que a história vem cometendo, cristalizaram opiniões que agora, a meu ver, retardam a desconstrução dos estereótipos sobre a religiosidade, pois é dela que estes valores emanam.

Todo esse emaranhado resulta no de sempre: esse pertencimento fica sendo ligado a forças do mal, ao demônio, como acontece com Jéssica, personagem do livro *Tramas da cor*. Neste, uma menina negra vai, pela primeira vez, à casa de um tio que é um seguidor da religiosidade africana e sentencia: "Que religião mais estranha era aquela!"; e mais, ao ouvir o sermão do pastor: "A menina ligou os fatos: os

119

pretos têm a alma preta porque são religião de demônio, são macumbeiros!".[5]

O estrago que essas práticas pouco pedagógicas causam à vida de uma criança negra, cuja família seja praticante dessas religiões, pode ser mensurado na proporção das rejeições que ela venha a manifestar sobre si mesma e sobre os que estão próximos dela, seja na sala de aula, seja nas brigas na hora do recreio, seja no horário da saída da escola.

Isso é muito sério e tem um preço alto, pois mais uma vez vão ser cobradas com as velhas e corriqueiras frases: "Negro é briguento, eles mesmos são desunidos"; "Negro não gosta de negro", dentre outras. O livro *Ensaio sobre a cegueira*, de José Saramago,[6] faz desconstruções de provérbios que se encaixam de forma exata nessa linha de pensamento e são uma boa pedida tanto para que entendamos como é a psicogênese da construção da nossa cegueira social, quanto serve de subsídio para realizarmos um projeto que contemple essas desconstruções.

A solução que vejo para uma educação que se pretende inclusiva passa pelo diálogo aberto, despojado, respeitoso, o qual, progressivamente, venha a provocar mudanças de olhares sobre a cultura brasileira, que não se fechou no bloco sedimentado pelo eurocentrismo, como acontece ainda nos livros didáticos. A visão universal da História que precisamos ter não pode impedir que trabalhemos com especificidades. Quanto aos valores da negritude, que não se torne exótica a sua figura, que não seja lembrada apenas no dia 20 de novembro – muito menos em 13 de maio.

Uma outra sugestão de pesquisa que levará a um mundo infinito de informações é conhecer os mistérios, mitos e len-

---

[5] OLIVEIRA, Rachel de. *Tramas da cor*; enfrentando o preconceito no dia a dia escolar. São Paulo: Selo Negro, 2005.

[6] Prêmio Nobel de Literatura de 1998.

das sobre máscaras africanas e a ligação dessa cultura com o carnaval no Brasil. Ou então, quem sabe, sobre as ervas aromáticas. O livro *Presente de Ossanha*, de Joel Rufino dos Santos, nos dá os rumos nesse assunto, além de aproveitarmos para conhecer a história de Ossanha.

Como uma ideia inventa outra, um ciclo de cinema que inclua filmes sobre África, documentários como, por exemplo, *Na rota dos orixás*,[7] já seria um outro plano para se colocar em prática. E assim os projetos vão surgindo; por exemplo, com "Os orixás do Abdias",[8] os alunos vão constatar que, com desenhos simples, podemos passar nossos recados.

Quanto à invisibilidade negra nos currículos escolares, por tudo que é feito na escola, historicamente, crianças negras são lenta e gradualmente embranquecidas e, por isso, duplamente penalizadas, pois a própria sociedade – vale também citar a participação da mídia –, que os privou da valorização de seus pertencimentos, mais tarde vai cobrá-la por ter vergonha da sua condição racial.

Mesmo que não aprendamos conteúdos sobre relações raciais, porque há ainda uma prática *universalista* nos cursos de formação para educadores, uma coisa é certa: o magistério tem a função social de respeito às especificidades da diversidade étnica que se faz presente na escola, não importando se a maioria é branca. Temos de provocar comparações entre as culturas que estão sendo estudadas. Isso é filosofar, é colocar a fatia do conhecimento que está faltando nos nossos currículos, e não realizar atividades pontuais e/ou desconectadas dos seus símbolos. Dançar por dançar uma música de raiz africana, por exemplo, não ajuda a entender as especificidades dessa cultura; temos que entender as razões do gestual.

---

[7] Documentário indicado para alunos a partir da 7ª Série do Ensino Fundamental.

[8] Abdias do Nascimento, homem guerreiro, fundador do Teatro Negro no Brasil, mais especificamente no Rio de Janeiro, em 1944, época em que não existiam negros no teatro.

É disso que a Lei n. 10.639/03 trata. Falar da escravidão apenas é fazer com que crianças negras se sintam envergonhadas de seus pertencimentos étnicos. Essas aulas ratificam a história dos vencedores, como sendo a dos brancos, e a dos perdedores, como sendo a dos negros. Mudanças não vão acontecer de uma hora para outra; temos que ir aos poucos. Contudo, uma coisa é certa: não tem volta. A salvação do nosso futuro não passa pelos discursos evasivos, mas por atitudes práticas para solução de problemas que estão bem perto de nós, dentro da escola, e que poderão ser combatidos através de um Plano Político-Pedagógico inovador e criativo.

A fome, a miséria, a gravidez malcuidada, a violência, a drogadição, a morte precoce, a infância perdida, têm *cor* e *endereço*, e as crianças das escolas públicas das periferias as relatam, caso a caso, com riqueza de detalhes. Estou, com isso, dizendo que o melhor projeto de trabalho que venhamos a construir é, de uma vez por todas, focarmos o nosso olhar para o dia a dia das nossas crianças, aprendendo a ouvi-las nas suas opiniões, e não entregando tudo pronto. Cada aluno tem uma história individual, construída.

Um exemplo para a exploração da cultura negra na escola são as "contações" de histórias, as suas representações em minipeças de teatro, a construção de material lúdico, a caracterização de personagens, como acontece na história *Ulomma, a casa da beleza* e em outros contos. Vamos assim entender especificidades relativas à vida como ela era nos tempos dos nossos ancestrais, e as lições deixadas por eles através de contos e lendas africanos.

Mas se o tema a ser trabalhado se refere à beleza e autoestima, com a história *Amanhecer esmeralda* dá até vontade de fazer uma oficina de "trancinhas de raiz" na escola! Eis algumas sugestões que podem ser inseridas num projeto de aula, em turmas a partir da 8ª Série:

- Confeccionar bonecas e/ou bonecos negros; criar estilos de roupas que lembrem algum país da África (valorização do desenho artístico, da pintura, do recorte, das cores africanas...);

- pesquisar sobre esse país (localização, clima, população, economia, hino, bandeira, independência, heróis...);

- convidar alguém para ir à sala de aula fazer "trancinhas de raiz" nas alunas e alunos que assim o desejarem;

- conhecer os vários tipos de trancinhas, mostrando a diferença com os *dreadlocks* e realizando pesquisa para se conhecer a sua origem, e quem foi Bob Marley;

- terminar com um debate sobre situações de baixa autoestima que os alunos possam estar vivendo e que foram constatadas nos dias em que esse projeto estava se desenvolvendo.

Escrever em cartazes as conclusões tiradas dos debates e que venham a contribuir com a ideia de inclusão no seu sentido mais amplo possível dentro da escola.

Mas cuidado! Existem algumas bibliografias, com recorte na cultura negra, que não atendem ao trabalho que está sendo proposto; temos que "separar o joio do trigo". Li certa vez um livro que falava de uma galinha-d'angola que fora excluída a vassouradas do um contexto que não soube incluí-la. Há também abordagens estereotipadas subliminarmente que podem passar despercebidas. É bom estar sempre procurando trocar ideias com colegas que se dedicam há mais tempo, com maior intensidade, nesse estudo e que procuram se atualizar com as literaturas, como também realizando cursos, seminários, oficinas, mostras científicas. Por outro lado, ter presente que agora já encontramos farto material de africanidades que são disponibilizados na nossa Feira do Livro e que paulatinamente começam a fazer parte das bibliotecas públicas.

Além do aqui defendido, quero trazer aos meus colegas um leque de possibilidades que possam servir de ferramentas pedagógicas para os trabalhos com alunos da Educação Infantil e do Ensino Fundamental.

Quando li pela primeira vez o livro *Bruna e a galinha-d'angola*, de Gercilga de Almeira, fiquei encantada pela forma carinhosa e delicada que a autora resolveu o problema da Bruna, isto é, a solidão da menina que não tinha amiguinhas para brincar. Após várias leituras, constatei muito mais que isso; encontrei nessa história alguns valores civilizatórios africanos, como oralidade, ancestralidade, cooperativismo, o valor da presença dos mais velhos junto das crianças, o canto e o tema dos mitos e lendas sobre a criação do mundo no olhar da mãe-África.

Uma boa forma de praticar inclusão é também valorizar a sabedoria popular que nossos pais e avós nos ensinam, ou nos ensinaram. Fazer isso, através da "contação" de histórias, é sempre uma relação curiosa, divertida, mas que, principalmente, proporciona preciosos momentos de sensibilidade, de afeto, de imaginação criativa poderosa.

Transformar histórias infantis em trabalhos interdisciplinares direcionados às culturas africana e afro-brasileira é, sem dúvida, uma forma de abordagem que, por ser específica, se torna bastante desafiadora.

A simbologia da criação do mundo representada pela galinha-d'angola nos remete à mitologia africana e nos fornece elementos para interrompermos a ruptura causada pelo mundo letrado que "esqueceu" de incluir no livro didático e nos planejamentos pedagógicos as conexões necessárias para lidar com valores étnicos que, se forem bem explorados, permitirá que entendamos as especificidades da temática que vêm ao encontro da democratização do saber.

A seguinte proposta pedagógica pode ser trabalhada com os alunos a partir da Educação Infantil:

- um globo terrestre;
- meia folha de desenho (um papel mais espesso);
- têmperas preta, branca amarela e vermelha;
- canudos de refrigerantes (que a professora poderá, previamente, preenchê-los com palito de churrasco, desde que aparadas as pontinhas e lacradas com fita adesiva);
- reproduções xerográficas ampliadas de algumas imagens da história que deverão estar coladas em pontos estratégicos da sala de aula;
- algumas figuras com pessoas negras.

Passo a passo:

- mostrar a localização do Brasil no globo terrestre;
- mostrar o mar e por onde vinham os barcos que trouxeram africanos para morar no Brasil; e os alunos poderão construir seus barquinhos de papel e percorrer o trajeto África–Brasil, orientados pela professora;
- através das figuras, mostrar como era a aparência física das pessoas que chegavam nesses barcos (não é preciso destacar a cor da pele; espere que as próprias crianças percebam e façam seus questionamentos);
- narrar a história "Bruna e a galinha-d'angola", explorando as gravuras do livro e fazendo as devidas associações com o que os alunos estão percebendo;
- desenvolver a técnica do reconto (enquanto as crianças contam a história, a professora vai escrevendo no quadro ou em uma folha de papel, para que a criança já comece a se familiarizar com a noção de fala e escrita);
- a professora poderá fazer o reconto várias vezes, pois haverá diversas interpretações com detalhes que só os

alunos reparam; note que o que está bem destacado na história são as simbologias da criação do mundo, podendo a professora fazer as comparações com tal história, também rica em símbolos, que está contada na Bíblia Sagrada;

- confecção da galinha através de um recorte (xerox) que previamente a professora terá desenhado o contorno no papel de desenho;

- pintura com têmpera, conforme a galinha da história; destaque para as pintinhas brancas (a professora poderá recortar uma galinha bem maior em material "EVA" e usá-la como mascote, e os alunos que concordarem em refletir em família poderão leva-la para casa, contando aos pais a história da Bruna;

- colagem dos palitos nas galinhas (pirulitos) e organização de um grande painel na sala de aula para a exposição das galinhas-d'angola;

- logo após, a professora fechará os trabalhos com a "contação" da história *Por que a galinha-d'angola tem pintinhas brancas?*, de Rogério Andrade Barbosa;[9]

- enquanto as crianças trabalham, música na sala! (Sugestão: CD *Palavra cantada*, "Pé com Pé", n. 15.)

REFERÊNCIAS BIBLIOGRÁFICAS

ALMEIDA, Gercilga de. *Bruna e a galinha-d'angola*. Rio de Janeiro: EDC – Ed. Didática e Científica/Pallas Editoras, 2000.

BARBOSA, Rogério Andrade. *Outros contos africanos para crianças brasileiras*. São Paulo: Paulinas, 2006. (Coleção Árvore Falante.)

---

[9] *Outros contos africanos para crianças brasileiras*. São Paulo: Paulinas, 2006. (Coleção Árvore Falante.)

BORGES, Edson. *Racismo, preconceito e intolerância*. São Paulo: Atual, 2002.

CAVALLEIRO, Eliane (org.). *Racismo e anti-racismo na educação*; repensando nossa escola. 3. ed. São Paulo: Selo Negro, 2001.

HERNANDES, Leila Maria Gonçalves Leite. *A África na sala de aula*; visita à história contemporânea. São Paulo: Selo Negro, 2005.

OLIVEIRA, Rachel de. *Tramas da cor*; enfrentando o preconceito no dia a dia escolar. São Paulo: Selo Negro, 2005.

SANTOS, Joel Rufino dos. *O presente de Ossanha*. São Paulo: Global, 2000.

SARAMAGO, José. *Ensaio sobre a cegueira*. 6. ed. São Paulo: Companhia das Letras, 1996.

SUNNY, *Ulomma*; a casa da beleza e outros contos. São Paulo: Paulinas, 2006.

Sumário

Apresentação
Selenir Corrêa Gonçalves Kronbauer e Marga Janete Ströher 5

Prefácio – Composição do lugar para a leitura
José Ivo Follmann 11

Educação, intolerância religiosa e direitos humanos
Clemildo Anacleto da Silva e Eunice Maria Nazarethe Nonato 23

A resistência do povo negro e uma fé carregada de Axé
Marcos Rodrigues da Silva 47

Diversidade religiosa na perspectiva indígena
Lori Altmann 59

Práxis educativa no Ensino Religioso: confluência entre teoria
e prática
Laude Erandi Brandenburg 79

História e cultura afro-brasileira e africana: um olhar para
os Parâmetros Curriculares Nacionais
Daniela Hack 91

A invisibilidade da cultura negra nos currículos escolares
Adiles da Silva Lima 111